FACILITA
Como Dirigir una Célula Exitosa

Joel Comiskey

Publicado por CCS Publishing

www.joelcomiskeygroup.com

Copyright ©2019 por Joel Comiskey

Publicado por CCS Publishing
23890 Brittlebush Circle
Moreno Valley, CA 92557 USA
1-888-511-9995

Todos los derechos reservados en todo el mundo. Ninguna parte de esta publicación puede ser duplicada o transmitida en forma alguna o por medio alguno, electrónico o mecánico, incluyendo fotocopias, grabaciones o cualquier otro sistema de almacenamiento de información, sin el permiso por escrito de CCS Publishing.

Diseño por Jason Klanderud

ISBN: 978-1-935789-98-7

Todas las citas bíblicas, a menos que se indique lo contrario, son de la Santa Biblia, Nueva Versión Internacional, Copyright © 1973, 1978, 1984 por Sociedades Bíblicas Internacional. Usados con permiso.

CCS Publishing es una parte del ministerio de Joel Comiskey Group, un ministerio dedicado a ofrecer recursos y asesoramiento a líderes e iglesias del movimiento celular mundial.
www.joelcomiskeygroup.com

Contenido

Introducción..7
Definición de una Célula/Grupo Pequeño................................7
Enseñar este Material...9
Recursos adicionales..9

Capítulo 1: Prepárese..11
Deje de Prepararse para la Célula.....................................12
La Recompensa del Padre..15
Más que Técnicas..15
¡Recuérdelo!..16
¡Apliquelo!...16

Capítulo 2: Como Estructurar una Reunión...........................19
Bienvenida...20
Adoración..22
La Palabra...25
Obras...26
¿Fueron Edificadas las Personas?....................................29
Concéntrese en Cristo..29
¡Recuérdelo!..30
¡Apliquelo!...31

Capítulo 3: Piernas que Sostienen: Facilitando a Otros........35
Los Facilitadores se Niegan a Predicar y a Enseñar.................36

Los Facilitadores Facultan a Otros..37
Los Facilitadores Necesitan Supervisión..................................38
Los Facilitadores Aprenden Mientras Dirigen...........................39
Dos Cualidades Esenciales de los Facilitadores........................40
    Un Sincero Amor por Dios...40
    Un Sincero Amor por Otros...40
¡Recuerde que Debe Facilitar!..41
¡Recuérdelo!..41
¡Aplíquelo!...42

Capítulo 4: Practicando la Transparencia.................................45
Guíe el Camino..46
Honesto con los Demás...48
Confiesen Sus Faltas Unos a Otros..49
Transformación..50
Guíe al Grupo a Niveles Más Profundos de Comunicación........52
Viva Honestamente Delante de Dios y de los Demás................53
¡Recuérdelo!..54
¡Aplíquelo!...55

Capítulo 5: Una Mente Inquisitiva: Haciendo Preguntas Estimulantes.59
Preguntas Cerradas Versus Preguntas Abiertas.......................59
La Preparación de Preguntas Dinõmicas.................................61
    Observación...61
    Interpretación...62
    Aplicación..63
Cautive el Corazón..64
Apunte a la Transformación...65
Explique el Pasaje Claramente...66
Limite Sus Preguntas...67
Es la Pregunta..68
¡Recuérdelo!...69
¡Aplíquelo!..69

Capítulo 6: Oídos que Escuchan..73
La Contestación del Miembro Tiene Prioridad............................73
Escuche Activamente..74
Escuche Lo que No se Dice...75
Escuche a Sus Miembros con Respecto a Su Liderazgo............76
Escuchando por Medio de la Repetición.....................................77
Niéguese a Contestar Sus Propias Preguntas............................78
Escuche con Simpatśa Antes de Aconsejar................................81
La Esencia de Escuchar: Los Demás..83
¡Recuérdelo!..83
¡Aplíquelo!...84

Capítulo 7: Una Lengua Alentadora..87
Una Gran Comunicación Anima..87
Tratando con el Hablador..89
Manteniendo las Líneas de Comunicación Abiertas....................92
Comunicación Sin Barreras...95
Pautas de la Comunicación que Construyen la Comunidad........95
¡Recuérdelo!..98
¡Aplíquelo!...98

Capítulo 8: Ojos que Ven los Detalles.......................................101
Atmósfera del Hogar..101
La Temperatura e Iluminación...102
Ubicación de las Sillas...103
Materiales..103
Refrigerio...104
Los Niños en la Célula...105
Las Distracciones..107
Tiempo para Empezar...108
Tiempo para Concluir..110
La Bendición de Dios sobre su Casa..110
¡Recuérdelo!..111
¡Apíquelo!..111

Notas al Pie...115

Introducción

Silencio. El esfuerzo de Jerry por estimular el diálogo falló. "¿Alguien más quisiera hacer un comentario sobre este versículo?" Todavía no hubo respuesta. Jerry decidió que lo mejor era romper el silencio haciendo un comentario espontáneo sobre algunos pasajes bíblicos. "Por lo menos están recibiendo la Palabra de Dios," él se aseguró.

Yo sé cómo se sentía este líder. He tenido que enfrentar periodos similares de un silencio tenso mientras dirigía las lecciones en mi propio grupo pequeño. Más de una vez he pensado: "¿Por qué los tiempos que se dedican al diálogo son tan pobres? ¿Cuál es el eslabón que falta?"

Muchos líderes de grupos pequeños, sumergidos en la batalla, empiezan a dudar de sus talentos y habilidades para el liderazgo. Ellos se culpan por su personalidad o falta de dones por las lecciones estériles, las inquietudes en el grupo, y el hecho que sólo unos pocos participan.

Las buenas noticias son que la inmensa mayoría de los problemas de los grupos pequeños se pueden solucionar. Escribí este libro para ayudarle a convertir una reunión pobre en una reunión dinámica.

Definición de una Célula/Grupo Pequeño

Algunos expertos escogen el camino ancho y definen un grupo pequeño como algo pequeño que se reúne como un grupo. Esta definición es tan inclusiva (y esquiva) que no clarifica nada. Los comunistas y también los teólogos de la liberación promueven sus estilos de células. En todo el país, varias clases de grupos se están formando para sanar los desórdenes físicos, la dependencia en sustancias químicas, los problemas matrimoniales - y la lista sigue.

Con esta amplia definición, se podría incluir una familia, un aula, la reunión de una comisión de la iglesia, un equipo de básquetbol y un grupo celular cristiano. Definir un grupo pequeño por su tamaño no clarifica el propósito del grupo.

Yo defino un pequeño grupo o una célula como *Grupos Pequeños (3-15) se reúnen semanalmente fuera del edificio para evangelizar, tener compañerismo y crecer espiritualmente con la meta de hacer discípulos quienes hacen otros discípulos que resulta en la multiplicación.*

Yo comprendo que muchos grupos pequeños no están vinculados con la iglesia local. Si usted está dirigiendo un grupo parecido, este libro le ayudará para afinar sus capacidades. Pero nos concentraremos en los pequeños grupos que tienen base en la iglesia.

Al definir un grupo pequeño, es importante identificar sus componentes esenciales, o las características que deben estar presentes. Los "grupos celulares" que transforman las vidas (me tomaré la libertad de usar indistintamente las palabras grupo celular y pequeño grupo) deben tener las siguientes características:

1. Enfoque ascendente: Conocer a Dios
2. Enfoque interno: Conocernos los unos a los otros
3. Enfoque externo: Alcanzar a los que no conocen a Jesús (con la meta de multiplicar el grupo celular).
4. Enfoque hacia adelante: Preparar líderes nuevos

No hay dos pequeños grupos que sean exactamente iguales, pero todos tienen los mismos componentes: la búsqueda de Dios (enfoque ascendente); el desarrollo de las relaciones los unos con los otros (enfoque interno); el esfuerzo para alcanzar a los que no son cristianos (enfoque externo); y el desarrollo de los nuevos líderes (enfoque hacia el futuro). Estos componentes permiten cierta flexibilidad en las células para que sean eficaces, y al mismo tiempo, que alcancen sus metas.

Más grande no es mejor para los grupos pequeños. El crecimiento en el tamaño excluye el crecimiento en intimidad. A menos que las células permanezcan pequeñas, ellas pierden su eficacia y capacidad para velar por las necesidades de todos los miembros. Cuando dos personas están conversando, hay dos líneas de comunicación; ese número aumenta a doce cuando hay cuatro personas presentes. Con diez personas, el número crece a noventa, y con quince personas reunidas, hay 210 líneas de comunicación. Después de las quince personas ya no hay más posibilidades para que las personas se conozcan íntimamente. Es más bien una congregación, en lugar de un grupo celular.

Enseñar este Material

Muchas iglesias enseñarán el uso de este material en un ambiente de grupo. Esta es la forma habitual de utilizar el material, pero no es la única manera.

Otra manera de entrenar a alguien sería permitiéndole a la persona completar cada lección individualmente y luego pedir a alguien del mismo sexo que lo supervise. El entrenador o supervisor tiene que hacer que el "alumno" se haga responsable de completar la lección y de compartir lo que él o ella está aprendiendo.

Creo que existen múltiples métodos para utilizar material didáctico. No todo el mundo puede asistir a las reuniones de entrenamiento del grupo, pero la gente siempre necesita entrenamiento.

Recursos adicionales

Facilita es parte de una serie de entrenamiento que prepara a las personas para ser maduros seguidores de Jesucristo. La Serie de Entrenamiento está disponible en www.joelcomiskeygroup.com o llamando gratis en los Estados Unidos de América al 1-888-511-9995. A lo largo de este libro, yo recomiendo que usted lea mi libro *Cómo Dirigir un Gran Grupo Celular*. Los dos libros están disponibles en www.joelcomiskeygroup.com.

Capítulo Uno

Prepárese

Una cierta gracia caracteriza a los líderes celulares dinámicos. Ellos demuestran una tierna preocupación, pero dirigen con firmeza. Permiten que la discusión fluya con naturalidad, pero se niegan a desviarse del tema. Escuchan atentamente, pero no permiten que una persona sola domine la reunión. Edifican a la comunidad, pero no a expensas de la evangelización de los inconversos. Ellos se responsabilizan por el grupo, pero se niegan a hacer todo. Promueven la identidad del grupo, pero nunca a expensas de la multiplicación de nuevos grupos celulares.

¿Parece difícil este equilibrio? Simplemente digamos que es imposible – sin la obra del Espíritu Santo. La lógica y la técnica, aunque son necesarias, no pueden enseñar el cuándo y el cómo de las dinámicas de los grupos pequeños. El liderazgo eficaz de un grupo pequeño comienza con un corazón transformado. El Espíritu Santo trabaja así dentro del líder de la célula para que él o ella puedan ministrar de lo que rebosa del corazón.

Para navegar las aguas desconocidas que quedan por delante con éxito, usted necesitará un guía, uno que sabe el camino. Jesús dijo, "Pero cuando venga el Espíritu de verdad, él os guiará a toda la verdad, porque no hablará por su propia cuenta, sino que hablará todo lo que oiga y os hará saber las cosas habrán de venir" (Juan 16:13).

Usted no entiende totalmente las lágrimas y los miedos de Juana o las ambiciones y los sueños de Juan. Cuando Juana, Juan, y el resto del grupo llegan a su sala, cómo van a reaccionar esas personas es algo imposible de prever. Usted puede conocer todas las prácticas y técnicas de las dinámicas de los grupos pequeños y sin embargo no satisfacer las necesidades profundas del grupo. Usted necesita un guía - el Espíritu Santo.

> **¡Inténtelo!**
> Lee Hechos 2: 1–13 y 4:31
> - ¿Cuántas veces los discípulos se llenaron con el Espíritu en estos pasajes?
> _____
> _____
>
> - ¿Por qué una persona necesita estar llena del Espíritu más de una vez?
> _____
> _____

Deje de Prepararse para la Célula

Hágase a Ud. y a su grupo un favor. Cese toda la *preparación de la célula* por lo menos media hora antes del comienzo de la célula (por ej., la lección, la preparación del refrigerio, etc.). Tome ese tiempo para preparar su corazón delante de Dios, pidiéndole que lo llene con Su Espíritu. Hay algunos pasos claves para recibir la llenura del Espíritu:

- Pida la llenura del Espíritu Santo. "Pues si vosotros, siendo malos, sabéis dar buenas dádivas a vuestros hijos, ¿cuánto más vuestro Padre celestial dará el Espíritu Santo a los que se lo pidan?" (Lucas 11:13). Jesús dice: "Pedid, y se os dará; buscad, y hallaréis; llamad, y se os abrirá; porque todo aquel que pide, recibe; y el que busca, halla; y al que llama, se le abrirá." (Lucas 11:9-10).
- Confiese todo pecado conocido. David dice: "Si en mi corazón hubiera yo mirado a la maldad, el Señor no me habría escuchado" (Salmo 66:18).
- Sea lleno del Espíritu diariamente. En Efesios 5:18, Pablo dice: "Sed llenos del Espíritu." La frase "sed llenos" en el griego señala a una llenura incesante, constante. Es algo diario.

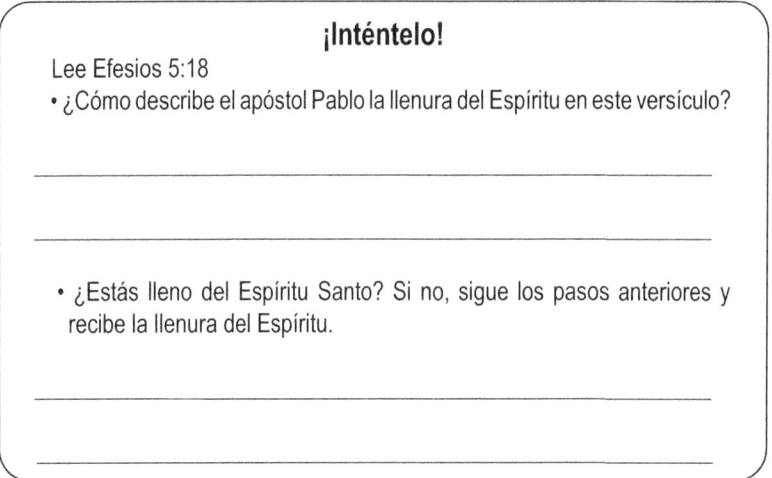

Tantas cosas inesperadas pasan en el curso de un grupo celular normal: el teléfono suena, el visitante no cristiano inesperado, el olvido de Susana que no preparó el rompehielos, la cuerda rota de la guitarra y Juan, que perdió su empleo. Cuándo Juan comparte que fue despedido durante el tiempo del rompehielo, ¿se debe orar por él inmediatamente, debe darle más tiempo para compartir, o debe esperar hasta después de la lección (quizás usted sabe que Juan suele hablar mucho)? Usted necesitará la sabiduría del Espíritu.

Si usted es un líder de grupos pequeños veterano, entonces sabe que los planes y la preparación pueden ser de ayuda - pero no son suficientes. Usted estará de acuerdo que el sentido común ungido por el Espíritu será exitoso

Siguiendo planes rígidos y preconcebidos cuando alguien se está sintiendo mal produce malos resultados. Para ganar el partido, usted necesita un buen entrenador. La gran noticia es que el Espíritu Santo está dispuesto a darle los consejos desde el interior, momento a momento, para cada paso que deba dar. Para oír Su voz fuerte y clara cuando usted la necesita, usted necesitará Su llenura antes del comienzo de la reunión.

Recuerde también que parte del ministerio más poderoso ocurre mientras se mastica ruidosamente algunas papas chips o comiendo galletas después de la reunión de la célula. Las charlas más íntimas transcurren a menudo cuando bajamos la guardia y no estamos preocupados por todos los detalles de la reunión de la célula. El Espíritu podría moverlo a ministrar a la persona que viene por primera vez o a hablar con el díscolo. Posiblemente se sienta guiado a hablarle a Pancho que raramente habla durante la reunión. O quizá usted necesita simplemente escuchar, mientras otros llevan adelante la conversación.

Manténgase sintonizado con Él, y Él hará que su camino sea próspero. Él guiará sus pasos.

Cristo tomó decisiones después de tener comunión con el Padre. Como leemos en Lucas 5:16, para Él era una prioridad pasar tiempo a solas con Su Padre: "… Pero Él (Jesús) se apartaba (solía apartarse) a lugares desiertos para orar." Lucas 5:15 explica que cuando la fama de Cristo se estaba extendiendo, el éxito de su ministerio lo obligaba a pasar más tiempo con Dios. En medio de un ministerio que aumentaba continuamente, Él se apartaba de la multitud para estar solo. Si Jesucristo, nuestro modelo, establece Su tiempo con el Padre como una prioridad, ¿no debemos hacer lo mismo?

¡Inténtelo!

Lee Mateo 6: 12-13

- ¿Qué nos dicen estos versículos acerca de la vida de oración de Jesús?

_____

_____

- ¿Qué puedes hacer para seguir el ejemplo de Cristo?

_____

_____

Como líder de un grupo pequeño, pasar tiempo con Dios debe ser su mayor prioridad. Cuando los miembros de su grupo sientan que usted está transmitiendo lo que recibe de Dios, entonces estarán más dispuestos a seguirle. Cuando usted pueda señalar las veces cuando usted sentía la guía de Dios, y que Él le hablaba al corazón, entonces ganará el respeto de los miembros de su grupo.

> **¡Hazlo!**
> Comprométase a 30 minutos de preparación espiritual personal antes de que comience la reunión del grupo.

La Recompensa del Padre

Jesús nos pide que pasemos tiempo en la presencia del Padre, pero Él también promete la recompensa del Padre. Jesús dice: "Pero tú, cuando ores, entra en tu cuarto, cierra la puerta y ora a tu Padre que está en secreto; y tu Padre, que ve en lo secreto, te recompensará" (Mateo 6:6). La belleza de esta recompensa es que usted no necesita publicarla. No tiene que decir a otros cuánto tiempo pasa en sus devociones personales. El Padre Celestial, que toma nota del tiempo pasado, lo recompensará de gracia y abiertamente. En Génesis 15 Abraham rechazó el premio externo y la adulación del rey de Sodoma. Dios respondió: "No temas, Abram, yo soy tu escudo, y tu recompensa será muy grande.

Nuestro Padre celestial está pronto para bendecir abundantemente a los que lo buscan. Recuerde lo que la Escritura dice: "A Aquel que es poderoso para hacer todas las cosas mucho más abundantemente de lo que pedimos o entendemos, según el poder que actúa en nosotros..." (Efesios 3:20). Él hará mucho más abundantemente de lo que usted puede pedir o pensar, si hace que Él sea primero en su vida.

Más que Técnicas

Este libro enfatiza la importancia de las técnicas de los grupos pequeños. Sin embargo, en este capítulo yo le he advertido que no siga las técnicas muy estrechamente. Yo le dije más bien: "Permita que el Espíritu le guíe." "Esté abierto para analizar cada situación con el sentido común ungido por el Espíritu." ¿Parece una contradicción? Realmente no lo es. Los planes, las técnicas y una diligente preparación para la reunión del pequeño grupo son sumamente importantes. Simplemente no permita que éstos lo controlen. Ése es el trabajo del Espíritu. Cuando usted pasa tiempo en Su presencia, hará planes mejores, sabrá manejar cada situación y satisfará las necesidades de los presentes.

Un gran liderazgo celular comienza con un corazón inmerso en Cristo y lleno del Espíritu Santo. Si su corazón no está bien, entonces ninguna lista de técnicas puede llevar a su grupo a experimentar las cosas que Dios tiene por delante.

> **¡Memorícelo!**
> "Pues si ustedes, aun siendo malos, saben dar cosas buenas a sus hijos, ¡cuánto más el Padre celestial dará el Espíritu Santo a quienes se lo pidan!" (Lucas 11:13, NVI)

¡Recuérdelo!

1. ¿Qué parte de esta lección tuvo el mayor impacto en usted?

_____

_____

_____

_____

2. Puntos Principales:
- Deje de preparar los detalles para la célula por lo menos media hora antes del comienzo de la reunión para pasar ese tiempo con Dios.
- Dé prioridad a su vida devocional diariamente para escuchar a Dios.
- Dependa de Dios más que de las técnicas.

¡Apliquelo!

1. Trate al Espíritu Santo como una persona: sienta su presencia, hable con él, escúchelo y adórelo.
2. Pide al Espíritu Santo que te llene diariamente.
3. Vive cada día en humilde dependencia del Espíritu Santo.

Notas de Capítulo

Notas de Capítulo

Capítulo Dos

Como Estructurar una Reunión

María llegó temprano para nuestra reunión del grupo celular. Ella empezó a abrir su corazón, "Yo estoy tan agradecida que ya no estoy viviendo con Andy. Me siento limpia por dentro, pero todavía es tan difícil; a veces siento como que lo necesito" Frank y Kathy llegaron a la mitad de nuestra conversación y agregaron sus propios pensamientos.

El Espíritu Santo me mostró que necesitábamos profundizar más, en lugar de reiniciar abruptamente la reunión de la célula con un rompehielos. Entrando en el entendimiento de las luchas de María y deseando ayudarla, todos compartimos cómo Dios nos había librado de ataduras similares. El tema que yo había elegido para la lección era sobre el enojo, pero decidí hablar sobre la libertad de la esclavitud por medio del poder del Espíritu Santo. Dios se movió de una manera poderosa esa noche.

En esta ocasión particular, yo me sentía movido por el Espíritu Santo para desechar mis planes debido a una situación particular. Sin embargo, yo tenía un plan. En el noventa por ciento de los casos, yo sigo ese plan. Usted también podría sentirse movido a cambiar sus planes y hacer algo diferente - sólo asegúrese de tener una estrategia para su grupo pequeño. Las grandes reuniones de los grupos pequeños empiezan bien y acaban bien. Funcionan como nuestros brazos, conectando todo de una manera atractiva.

Algunas agendas celulares son mejores que otras. La agenda mejor que he descubierto es la siguiente: (en inglés se llama la de las 4 "W", por las palabras: "Welcome, Worship, Word, Works") 'Bienvenida, Adoración, Palabra y Obras'. Me agrada mucho este orden porque permite que el grupo:

- Experimente 'los unos a los otros' de las Escrituras. El tiempo de la Bienvenida refuerza el compartir abiertamente acerca de nuestras vidas personales.
- Entre en la presencia de Dios. Nos acercamos a Dios durante el tiempo de Adoración y recibimos Su plenitud.
- Interactúe con la Palabra de Dios; Dios nos habla por medio de Su Palabra.
- Alcance a los que no son cristianos; el tiempo de las Obras ayuda para que el grupo se concentre en los que aún están afuera.

Este orden no producirá vida automáticamente en su grupo celular. Sin embargo, reforzará la obra de Dios entre los miembros de su grupo.

¡Inténtelo!

Lee Lucas 2: 25-27
- ¿Qué nos dicen estos versículos acerca de la vida espiritual de Simeón?

_____

_____

- ¿Cómo puedes aplicar el ejemplo de Simeón de ser "guiado por el Espíritu"?

_____

Bienvenida
(15 minutos)

La mayoría de los miembros celulares están cansados cuando llegan al grupo. Han trabajado duro todo el día y probablemente no tienen deseos de sentirse *espirituales*. Algunos asistirán porque saben que tienen que estar allí, no porque *sientan ganas* de *asistir*.

Empiece de una forma agradable, alegre. Permítales entrar tranquilamente en la vida del grupo.

El tiempo de Bienvenida normalmente empieza con una pregunta dinámica que rompe el hielo. Los mejores rompehielos son los que garantizan una respuesta. Se pueden adquirir libros enteros con buenos rompehielos, así que no debería experimentar una escasez en este sentido.[2]

La mayoría de las personas nos conoce por nuestra profesión. Somos conocidos como maestros, obreros de la construcción, doctores, amas de casa, etc. Un muy buen rompehielos nos mueve a hablar sobre nuestras aficiones, trasfondo familiar, o nuestras experiencias personales. El rompehielos une al grupo en una atmósfera familiar.

Algunos grupos celulares inclusive llegan a ofrecer algún bocadillo durante este tiempo de Bienvenida (la gente se abre más socialmente cuando están comiendo algo) Ésta es una gran idea, si no tiene un presupuesto muy ajustado. Sin embargo, no descuide el tiempo del refrigerio al final.

Pregunta de evaluación: Cuando usted ha terminado el Tiempo de Bienvenida, ¿los miembros del grupo se sienten más cómodos entre sí y están prontos para disfrutar el tiempo juntos?

¡Inténtelo!

Lee Luke 2:25-27
- ¿Usted tiene un rompehielos favorito? ¿En ese caso, cuál es?

_____

_____

_____

- Si no, escriba su propio rompehielos que usted piensa que otros disfrutarían y lo usarían en su grupo celular.

_____

_____

_____

> **¡Piénselo!**
> *Algunos Buenos Rompehielos*
> - ¿Quién era su maestro/a favorito/a de la escuela primaria, y por qué?
> - Cuándo está estresado/a o frustrado/a acerca de algo ¿qué hace?
> - ¿Qué es lo mejor que le pasó en su vida el año pasado?
> - ¿Cuál es su 'hobby' y por qué le gusta?
> - ¿Quién influyó más en su decisión de seguir a Cristo? ¿Qué relación tenía esa persona con usted (amigo, padre, maestro, etc.)?
> - Pídale a cada persona que complete la frase: "Una palabra que me describe es. . ."
> - ¿Cuál fue uno de los consejos más importantes que alguien le haya dado alguna vez?
> - Describa su semana en colores.
> - ¿Qué animal describe mejor ahora mismo su humor?
> - ¿Cuánto perdonaría usted a un amigo cuando se siente defraudado por él?

Adoración
(20 minutos)

La meta del tiempo de la Adoración es entrar en la presencia del Dios vivo y darle el control de la reunión. El tiempo de la adoración ayuda al grupo a ir más allá de la sociabilidad. Sin la presencia de Cristo, el grupo celular no difiere en nada de una fiesta de trabajo, una reunión familiar, o un encuentro de los amigos en un partido de fútbol.

Entrar en la presencia de Dios por medio de las canciones es una parte importante del tiempo de adoración. Asegúrese que todos tengan sus cancioneros. ¿Por qué?

- Los que visitan por primera vez se sentirán incómodos si no ven las palabras.
- Algunos creyentes nuevos o miembros de la iglesia no conocen los coros que cantan en su iglesia.
- Usted tendrá más libertad para cantar otras canciones nuevas.

No tiene que tocar la guitarra o cantar como Marcos Witt para dirigir la adoración que honra a Dios. He tenido la experiencia de haber estado en tiempos de adoración en las que los miembros simplemente estaban volcando un ruido jubiloso (con énfasis en la palabra ruido). Dios no requiere un coro del tabernáculo. Él mira la motivación para cantar. Algunos grupos celulares prefieren usar canciones de YouTube o lista de reproducción.[3]

El que dirige la adoración debe elegir dos a cuatro canciones *antes* de comenzar la adoración. O quizás el líder de la adoración quiera invitar a los miembros de la célula a elegir las canciones *antes* del tiempo de adoración y luego cantarlas una tras otra. Pienso que es mejor concentrarse en Dios durante todo el tiempo de la adoración, en lugar de detenerse y seguir luego de elegir la siguiente canción. Me gusta intercalar la alabanza y la oración entre las canciones.

No limite el Tiempo de Adoración a cantar canciones. El líder de una célula me dijo lo siguiente: "Es importante ir más allá que cantar solamente. Nuestro grupo ha experimentado la presencia de Dios a través de la lectura de los Salmos juntos, elevando oraciones breves o incluso esperando en silencio."

> **PRUEBE ESTO: Lista para la Preparación de la Adoración**
>
> - **Prepárese.** Si es posible, toque o cante las canciones antes de comenzar la reunión.
> - **Tenga Confianza.** Nunca se disculpe por dirigir. Si comete un error, siga adelante. Ser un experto no es un requisito para dirigir la adoración. La gente no espera ver perfección.
> - **Sea Sensible.** Para dirigir la adoración se requieren tres pares de orejas: orejas físicas para oír cómo va la música, orejas mentales para calibrar la atmósfera del grupo, y orejas espirituales para oír lo que el Espíritu Santo está diciendo.
> - **Sea Auténtico.** Fije sus ojos en Jesús, el autor y consumador de nuestra fe (Hebreos 12:2). No permita que el hecho de dirigir la adoración principal llegue a ser una distracción de su propia adoración. Esto funciona mejor cuando está preparado.
> - **Sea Apasionado.** La adoración exige una participación apasionada. Comprométase totalmente con el proceso de la adoración mientras usted dirige.
> - **Use las Escrituras.** El libro de Salmos es un recurso excelente para la adoración. Empiece por hacer que alguien lea un Salmo mientras el músico toca la primera canción de fondo. O, en determinado momento, pídale a alguien que lea una Escritura entre las canciones.
> - **Sea Positivo.** Concéntrese en el carácter de Dios (santidad, amor, poder, etc.). Éste no es el momento de intimidar a la gente insistiendo en una fe más auténtica. Permita que el Espíritu Santo haga su obra de dar convicción. Elija las canciones que lleven a las personas a una íntima relación con Dios. Evite las canciones con músicas que distraen o melodías confusas.
> - **La Continuidad de la Práctica.** La adoración debe ser un fluir sin sobresaltos conectado con todo lo demás que está pasando. Intente no hacer una pausa entre las canciones, pero siga adelante a la siguiente si es posible.
> - **Termine Bien.** Es mejor no terminar la adoración en forma abrupta, sino quizás pidiendo que algunas personas oren elevando a Dios palabras de exaltación y adoración.

Pregunta de Evaluación: Cuando termina la adoración, ¿el grupo está concentrado en Dios y preparado para que Él les ministre?

¡Inténtelo!

- ¿Describe la experiencia de adoración que estás teniendo ahora en tu pequeño grupo?

_____

_____

_____

- ¿Cómo impacta la adoración en nuestra relación con Dios?

_____

_____

_____

¡Inténtelo!

Verdadero o falso:
- La adoración es la respuesta natural de un corazón agradecido por la gracia, misericordia, y amor de Dios.

_____

_____

- La adoración puede suceder cuando quiera y en cualquier lugar.

_____

_____

- Dios prefiere la adoración en un edificio el domingo.

_____

_____

La Palabra
(40 minutos)

El tiempo para la Palabra es cuando Dios habla a nuestros corazones a través de la Biblia. Existen abundantes recursos para ayudarle a preparar una lección de primera calidad.

Muchos grupos pequeños siguen el mismo tema y las Escrituras que el mensaje del domingo. Aun cuando éste sea el caso, es mejor NO discutir el sermón. Las personas deben interactuar con la Palabra de Dios, no con el sermón. Si el sermón mismo es el punto de referencia, los visitantes y los que faltaron al culto de la celebración se sentirán aislados.

Aunque la iglesia proporciona la lección, es fundamental que los líderes de los grupos pequeños examinen la lección y la apliquen según las necesidades que haya en el grupo.

Sin falta, Dios habla al grupo a través de Su Palabra y las personas reconocen sus necesidades. Yo encuentro que es muy eficaz solicitar pedidos específicos de oración después del tiempo de la lección. A menudo imponemos las manos sobre los que tienen necesidades especiales. Me agrada tomar los últimos diez minutos del tiempo de la *Palabra* para orar por las necesidades específicas del grupo.

Preguntas de evaluación: ¿El grupo compartió honestamente y manifestó vulnerabilidad entre sí? ¿El grupo aprendió a caminar más en obediencia con Cristo durante la semana?

¡Inténtelo!

Lea Santiago 1:22.
- ¿Qué produce escuchar meramente a la Palabra?

_____

_____

- ¿Cómo el ministerio celular ayuda que los creyentes apliquen la Palabra de Dios?

_____

_____

¡Piénselo!
Sugerencias para el Tiempo de Oración
- Nunca le obligue a alguien a orar. El temor de orar en voz alta podría impedir que alguien vuelva a su grupo. No ofenda a alguien inútilmente con esto.
- Enseñe sobre la oración. Para muchos, la oración es una experiencia nueva. Explique por qué oramos y a quién dirigimos nuestras oraciones. Es mejor que usted muestre a los demás cómo orar antes de pedirle al grupo que lo haga.
- Concéntrese en los pedidos de oración.
- Después de la lección es bueno terminar con un tiempo de oración silenciosa, mientras las personas examinan sus corazones. Luego pregunte al grupo cuáles son sus peticiones. Pida a algunos miembros en el grupo que oren por esas peticiones, asegurándose de no pedir a los nuevos que oren en voz alta.

Obras
(40 minutos)

La última parte de la célula, el tiempo de las *Obras* (o el tiempo del Testimonio), nos ayuda a enfocarnos en otros. No hay una "única manera" de hacer esto. El pensamiento principal que debe guiarnos en este tiempo es *Alcanzar A Otros*. La forma de alcanzar a otros puede variar de una semana a otra.

- Orando por los que no son cristianos para invitar.
- Preparando un proyecto social.
- Planificando para la futura multiplicación.
- Decidiendo acerca del próximo evento de evangelización para la célula (por ej., una cena, vídeo, picnic, etc.)
- Orando por las familias que no son cristianas.

Un posible diálogo acerca de la evangelización podría parecerse a lo siguiente:

- El Líder de la célula: "Jorge, ¿a quién vas a invitar la semana que viene?"
- Jorge: "Voy a invitar a mi vecino."
- El Líder de la célula: "Muy bien; oremos un momento que el vecino de Jorge responda a la invitación."
- El Líder de la célula: "Julia, y tú, ¿a quién vas a invitar la semana que viene?"

El líder podría decirle al grupo: "Recuerden orar por nuestra nueva multiplicación que comenzará dentro de dos meses. Oren por Pancho que necesita completar el último curso de entrenamiento. Oren para que pueda estar listo para empezar el nuevo grupo celular."

¡Piénselo!
Ideas para Alcanzar a Otros

- Descubra las habilidades manuales de los que van a la célula; luego coloque un aviso en una ferretería local ofreciendo hacer algunos trabajos gratuitamente.
- Anuncie trabajar sin pago para determinadas personas (cambiar el aceite en los vehículos de las madres solteras, por ejemplo).
- Comuníquese con el centro local de los ciudadanos en la tercera edad para ofrecer trabajos gratuitos.
- Ponga una mesa en algún supermercado local en la que ofrece información de cómo mantener a los adolescentes lejos de las drogas.
- Ofrezca cortar el pasto para algún vecino nuevo en el barrio donde está la célula.

Durante este tiempo, usted podría promover y planificar un proyecto social de evangelización. Estoy convencido que los grupos celulares están perfectamente capacitados para satisfacer las necesidades físicas tanto de los que están dentro como de los que están fuera del grupo.

Un grupo celular ofrece un medio singular y eficaz para tocar profundamente el corazón de una persona que no es creyente. La iglesia del Nuevo Testamento creció y prosperó por medio de la evangelización orientada a satisfacer las necesidades del grupo. Dios está llamando a Su Iglesia a volver a este emocionante método de evangelización.

Otras ideas: Llevar el evangelio a la comunidad visitando un hogar de ancianos, ministrando a los niños de la calle o ayudando en un orfanatorio.

Pregunta de Evaluación: ¿Está Jesús trabajando por medio de nosotros para alcanzar a otros?

Ejemplo de una Reunión Celular

La Bienvenida
- ¿Dónde usted vivió entre las edades de 7–12?
- ¿Cuántos hermanos y hermanas tenía usted?
- ¿Quién era la persona que usted sentía más cercana?

La Adoración
- Lea Salmo 8 en voz alta al unísono.
- Cante: Cuán Grande Es Él
- Lea Salmo 29: permita que cada persona lea un versículo por vez.
- Pida un período de silencio durante un minuto; anime a los miembros a considerar las maneras como Dios los ha confortado en distintas situaciones en el pasado.

La Palabra
- Lea 2 Corintios 1:3–5.
- Diga: «comparta un tiempo cuando usted estaba en una crisis y Dios lo consoló».
- Después de un tiempo de compartir, entonces pregunte: «¿Usted puede recordar un tiempo cuando fue usado por Dios para confortar a otra persona?»
- Finalmente, pregunte: "¿Quién en nuestro grupo está necesitado del consuelo de Dios en este momento?"
- Edifíquense los unos a los otros mientras Dios abre el camino para hacerlo.

Obras/Testimonio
- Comparta los nombres y circunstancias de incrédulos en nuestros *oikos* (los que están en un vínculo más estrecho con usted) que están pasando por situaciones difíciles.
- Conversen sobre la manera cómo nosotros, como una célula, podríamos testificarles a estos incrédulos, y así lleguemos a ser agentes de Dios para dar su consuelo en su tiempo de dolor.

¿Fueron Edificadas las Personas?

Durante el ministerio a María que yo compartí en la historia introductoria, me di cuenta de la necesidad de hablar sobre la llenura del Espíritu Santo y Su poder para librarnos del pecado. Examinamos varios pasajes que se referían al deseo del Espíritu de llenarnos.

Terminamos la lección de rodillas, buscando que el Príncipe de Paz nos llenara. Mi esposa y yo dimos la vuelta entonces e impusimos las manos en María, Frank y Caty orando por ellos para que fueran llenos del Espíritu de Dios. Después, Pancho dijo bruscamente: "¿Cómo sabía que yo necesitaba esa lección? ¡Era justo para mí!"

La edificación significa literalmente construir o levantar algo. Pablo dice a la iglesia en Corinto: "Entonces, hermanos, ¿qué podemos decir? Cuando os reunís, cada uno de vosotros tiene salmo, tiene doctrina, tiene lengua, tiene revelación, tiene interpretación. Hágase todo para edificación (de la iglesia)" (1 Corintios 14:26).

El asunto de edificar debe ser el principio que guíe a la célula. Una reunión de un grupo celular exitoso es una en la que todos son edificados y animados en la fe. La norma para el éxito es si el cuerpo de Cristo fue edificado, o no - no si se cumplieron los cuatro pasos para las células.

¡Piénselo!
Pasos Prácticos para la Edificación en los Grupos Celulares
- El líder de la Célula debe ser transparente y ser un modelo de lo que él espera que los demás sigan.
- Cultive un ambiente seguro para los que necesitan edificación.
- Pida a los miembros que lleguen a ser vasos usados por Dios para edificar a otros.
- Señale al que está siendo edificado en el camino a Dios.

Concéntrese en Cristo

El enfoque de su célula debe ser Jesús. Algunos quieren convertir el grupo en un estudio bíblico, otros en una cruzada evangelística, y todavía otros en un concierto de adoración. Algunos no piensan que es un grupo celular *verdadero* a menos que alguien hable en lenguas o profiera una profecía al rojo vivo.

Notas de Capítulo

Notas de Capítulo

Notas de Capítulo

Capítulo Tres

Piernas que Sostienen: Facilitando a Otros

Federico se preparó diligentemente durante toda la semana para su reunión con el grupo el jueves por la noche. En ese tiempo yo conocía muy poco sobre el ministerio celular, y esperaba totalmente un estudio bíblico, completado con una exégesis, opiniones de comentaristas e ilustraciones. Para sorpresa mía, Federico habló muy poco esa noche. Con toda habilidad obtuvo la información de nosotros. Aunque había estudiado el pasaje de la Biblia a fondo, nos llevó para que excaváramos hallando nuestros propios tesoros. Él nos acribillaba con preguntas que nos obligaban a cavar más y más profundamente en el texto.

Federico permitió que nuestro grupo pequeño descubriera la Palabra de Dios por sí mismo. Así como las piernas fuertes impulsan el cuerpo hacia adelante, Federico dio el ejemplo de cómo los facilitadores pueden animar a otros a participar.

Yo salí de esa reunión con una nueva apreciación del poder de la participación en el estudio de la Biblia. Descubrí que la preparación diligente de la lección y la participación abierta no se excluyen entre sí.

Años después hice una visita inesperada a otro grupo celular. Durante la lección, la persona que dirigía mencionaba una vez tras otra numerosas palabras griegas. Pensé para mí: "¿Está intentando impresionarme con su conocimiento?" Ella citaba libremente otros comentaristas de la Biblia y terminó enseñando noventa por ciento de la lección.

Cuando los otros se atrevían a comentar, ella asentía con vacilación. Sin embargo, rápidamente los cortaba, prefiriendo su propia voz autoritaria. "Estos pobres miembros del grupo parecen como si estuvieran embotellados", pensaba yo. "Tienen tantos deseos de abrir sus corazones".

Los Facilitadores se Niegan a Predicar y a Enseñar

Visité dos grupos celulares de profesionales jóvenes diferentes en el mismo mes. En uno de ellos, salí de la reunión sintiéndome remontar en alto, edificado tanto social como espiritualmente. El rompehielos cumplió su propósito – tiró abajo las paredes de la indiferencia y nos ayudó a conocernos los unos a los otros mejor. La adoración nos llevó a la presencia de Dios y cumplió nuestros profundos anhelos de Dios Mismo.

El líder guió a todos los miembros a participar en la lección de la célula. Todos exploramos la Palabra de Dios juntos. Después, todos los miembros expresaron sus necesidades personales durante el tiempo de la oración. Finalmente, los miembros de la célula se reunieron alrededor de la mesa con el refrigerio para interactuar socialmente -riéndose y compartiendo.

En el otro grupo, el líder se aferró a la mentalidad del mini-culto. Interrumpió el rompehielos y dejó a todos colgados. Después de la adoración, abrimos nuestras Biblias. Con una Biblia en una mano y un documento que parecía un manuscrito en el otro, el líder procedió a dominar la reunión durante los próximos 40 minutos.

Mi espíritu estaba afligido por los jóvenes que estaban obligados a sentarse a escuchar otro culto. Él contestaba sus propias preguntas e incluso llegó a controlar el tiempo de la oración al final.

Este líder, como muchos otros, estaba tan cómodo oyendo su propia voz que seguía hablando y hablando. En varias oportunidades me sentí tentado a irrumpir en la reunión celular y abrirla para la discusión, pero me controlé, no queriendo avergonzar al líder. Me fui esa noche sintiéndome "embotellado".

El líder de la célula habla sólo 30 por ciento, mientras los miembros de la célula comparten 70 por ciento del tiempo. Ésta debe ser la meta de cada líder de la célula.

> **¡Inténtelo!**
> Lee Santiago 1:19
> - ¿Qué dice Santiago acerca de escuchar en este pasaje?
>
> _____
>
> _____
>
> _____
>
> - ¿Cómo puedes mejorar tu habilidad para escuchar?
>
> _____
>
> _____
>
> _____

Los Facilitadores Facultan a Otros

La definición radical de 'facilitar' es "hacer fácil". El facilitador es el siervo del grupo, facultando a los miembros para disfrutar de Dios y los unos de los otros. En lugar de enseñorearse sobre el grupo, el facilitador lava sus pies, ministrándoles en todas las oportunidades.[5]

Los facilitadores de los grupos pequeños estimulan a los miembros del grupo que hablen lo que está en sus mentes. Le recuerdan amablemente al grupo de facultarse escuchándose activamente los unos a los otros. La meta del grupo celular es la de fortalecer a otros por medio de la edificación mutua.

El facilitador podría preguntar: "¿Qué piensan los demás?" A todos los miembros se les pide que llenen los espacios en blanco y agreguen nuevas dimensiones. Después que todos han tenido su turno, el facilitador resume los comentarios del grupo.

La comunicación en un aula tiene lugar entre el estudiante y el maestro (pregunta/respuesta). El maestro imparte la información mientras los estudiantes toman apuntes. La comunicación en un grupo celular fluye entre todos los miembros. Elizabeth, una miembro de la célula, se siente tan libre para dirigir sus comentarios a Juan, otro miembro del grupo, como también a Juana, la facilitadora del grupo. A menudo el facilitador simplemente observa la comunicación que está sucediendo.

El facilitador no está tieso y pasivo - sólo escuchando y no compartiendo. Un facilitador interactúa a la par de los otros miembros del grupo, compartiendo reflexiones personales, experiencias, y siendo un modelo transparente.

Sinónimos para facilitar incluyen: Ayudar, Aliviar, Hacer Fácil, Facultar, Autorizar, Lubricar, Hacer Posible, y Allanar el Progreso.

Al igual que Federico en la ilustración al comienzo, los facilitadores investigan las riquezas de la Palabra de Dios diligentemente con el propósito de facultar a los miembros a descubrir el tesoro de Dios para ellos. Ellos conocen los fundamentos del estudio bíblico inductivo, pero el fruto de su estudio resulta en una mayor participación.

¡Inténtelo!

- Piense en una reunión de un grupo pequeño cuando todos compartieron de una manera transparente en comparación con uno cuando solo el líder habló. Cual fue la diferencia ¿Cómo calificaría las dos experiencias?

_____

_____

_____

_____

Los Facilitadores Necesitan Supervisión

Cuando empecé por primera vez a dirigir un grupo pequeño, yo asistía a una mega-iglesia. El pastor de los grupos pequeños se reunía con todos los líderes potenciales de los estudios bíblicos. Yo ya estaba dirigiendo un grupo pequeño (acerca de lo cual él no sabía), así que me reuní con él. Él bendijo mi actividad, y esa fue la última vez que tuve noticias de él. Yo no recibí cuidado pastoral, entrenamiento ni ayuda alguna para preparar las lecciones. En realidad, yo estaba dirigiendo un grupo pequeño independiente que actuaba como una iglesia en la casa (a veces asistían cuarenta personas).

En aquellos días, yo sentía que no era espiritual si preparaba mi "estudio bíblico" de antemano porque no quería apagar el Espíritu.

Antes de comenzar la reunión, yo simplemente recibía la Palabra de Dios para el grupo. Luego durante el tiempo de la lección abría la boca esperando que Dios la llenaría. Bueno, Él la llenaba, pero a menudo con las mismas cosas que yo había compartido la semana anterior. Nunca me olvidaré de la noche cuando mi buen amigo y co-líder, Bob Burtch, me llevó aparte y me dijo: "Joel, tú tienes muchos talentos y habilidades, pero enseñar la Biblia no es uno de ellos."

Los líderes celulares necesitan supervisión para tener éxito. Si usted está dirigiendo un grupo celular actualmente, espero que tenga a alguien que le supervise. Si no, pídale al pastor titular que se reúna periódicamente con usted. Los líderes de los grupos pequeños necesitan interactuar con líderes más experimentados. Aprenda de las iglesias celulares de rápido crecimiento alrededor del mundo. Ellos no permiten que los líderes de los grupos pequeños funcionen solos; ellos los supervisan y mantienen un contacto cercano.

Los Facilitadores Aprenden Mientras Dirigen

No espere demasiado tiempo para usar sus dones y talentos. Usted no puede crecer a menos que ejercite sus músculos mientras va andando por el camino.

Un granjero quería entrar en el mundo de las carreras de caballos, así que compró un hermoso caballo de raza. Todos los días limpiaba el caballo y lo cuidaba. Él no quería que el caballo hiciera esfuerzos por temor a cansarlo físicamente, de modo que utilizaba su mula fiel para realizar los quehaceres de la granja. Cuando llegó el gran día de la carrera su preciado caballo apenas se podía mover. Sus músculos estaban flojos y atrofiados. El granjero no tenía otra opción sino entrar con su mula para la gran carrera.

No se sienta a un costado esperando la gran carrera. Las personas aprenden mejor mientras practican lo que están aprendiendo. Algunos piensan que es mejor esperar hasta que realmente conozcan la Biblia. Yo les digo: "Usted nunca tendrá suficiente conocimiento de la Biblia. Incluso los maestros reconocidos y muy experimentados, de la Biblia, están aprendiendo continuamente."

Otros piensan que deben esperar hasta que estén listos para contestar todas las preguntas. "Usted no necesita contestar todas las preguntas," yo les digo. Es más, yo les estimulo a responder las preguntas difíciles de esta manera: "No estoy seguro cómo contestar esa pregunta, pero voy a investigarla esta semana, y entonces volveremos a considerarla."

Esta posición humilde generará confianza entre usted y los miembros de su célula. Durante la semana, usted puede estudiar la Biblia, puede leer comentarios de la Biblia, y sobre todo puede ir a su supervisor o pastor para pedir ayuda.

> **¡Inténtelo!**
> Lee Filipenses 3:13-14
> - ¿Qué dice este pasaje acerca de Pablo como aprendiz?
>
> _____
>
> _____
>
> _____

Dos Cualidades Esenciales de los Facilitadores

¿Qué habilidades son necesarias para dirigir un grupo? Por lo menos dos: Se resumen en los grandes mandamientos – amar a Dios y amar a su prójimo. Todos los líderes de los grupos pequeños deben poseer estos dos atributos abundantemente.

Un Sincero Amor por Dios

Jesús, el Hijo de Dios dijo: "Amarás al Señor tu Dios con todo tu corazón, con toda tu alma, con toda tu mente y con todas tus fuerzas" (Marcos 12:30). Nadie ha llegado a la etapa de amar a Dios completamente. Las preguntas claves son: ¿Está creciendo usted en su relación de amor hacia Jesucristo? ¿Está disfrutando Su carta de amor diariamente? Dios usa a las personas que están creciendo en su amor hacia Él.

Un Sincero Amor por Otros

Jesús siguió el primer mandamiento con este segundo mandamiento: "Amarás a tu prójimo como a ti mismo. No hay otro mandamiento mayor que éstos" (Marcos 12:31). La frase probada a través del tiempo y repetida muy a menudo aún suena verdadera:

A las personas no les importa cuánto es lo que usted sabe hasta que ellos sepan cuánto a usted ellos les importan. Su éxito como un líder celular depende de su amor por los miembros de su célula. Más que cualquier otro atributo, Dios usa a los líderes que aman y cuidan a sus miembros. Cualquiera puede dirigir un grupo celular con éxito - si él o ella están dispuestos a amar a las personas.

> **¡Hazlo!**
> *Practica el principio 70-30 en tu próximo grupo pequeño (escucha el 70% del tiempo y habla el 30% del tiempo)*

¡Recuerde que Debe Facilitar!

Recuerde a Federico. Él estudió las Escrituras fervientemente para facilitar la participación. Él facultó a otros dándoles una oportunidad para aplicar las Escrituras a sus vidas. Los facilitadores como Federico se niegan a convertir el grupo celular en otro culto de la iglesia. Las mercancías de la destreza del facilitador son las preguntas orientadas hacia su aplicación y relacionadas con la Biblia, un oído pronto para escuchar y una cariñosa preocupación por ellos.

> **¡Memorícelo!**
> "Mis queridos hermanos, tengan presente esto: Todos deben estar listos para escuchar, y ser lentos para hablar y para enojarse" (Santiago 1: 19, NVI).

¡Recuérdelo!

1. ¿Qué parte de esta lección tuvo el mayor impacto en usted?

_____

_____

_____

_____

2. Puntos principales:
- Los líderes de los grupos pequeños eficaces facultan a otros para compartir y aplicar la lección a sus propias vidas. Los facilitadores se niegan a predicar y a enseñar.
- Los facilitadores facultan a otros.
- Los facilitadores necesitan entrenamiento.
- Los facilitadores aprenden mientras dirigen.
- Dos cualidades esenciales para los facilitadores son:
    - Un sincero amor por Dios.
    - Un sincero amor por otros.

¡Aplíquelo!

1. Busque la palabra "facilitar" en el diccionario. Medita en sus sinónimos y significado. Aplica lo que aprendes a tu pequeño grupo.
2. La próxima vez que su grupo se reúna, haga un punto para hacer preguntas y escuchar atentamente a cada persona.

Notas de Capítulo

Notas de Capítulo

Capítulo Cuatro

Practicando la Transparencia

Los líderes de los grupos pequeños exitosos abren sus corazones y sus almas y permiten que otros vean quiénes son realmente. No se esconden detrás de las apariencias externas e imágenes inventadas. Ellos comprenden que compartiendo sus debilidades realmente están cobrando fuerza. Crean vías de acceso que conducen a una más íntima comunión del grupo.

Mi buen amigo Bill Mangham es transparente por excelencia. Otros se sienten cómodos en presencia de Bill porque saben que él es real. No hace mucho Bill entró en mi casa y me mostró dos fotografías. Una revelaba a su hijo haciendo surf con éxito encima de una ola; la otra mostraba a Bill cayendo de bruces cuando intentaba hacer lo mismo. "Un ejemplo típico de Bill Mangham," pensé para mí. Bill consigue hacer amigos creando entradas. Él no trata de impresionar a los demás. De hecho, nunca escuché que Bill hiciera alarde de sus logros. No es necesario porque son tan evidentes. Bill es respetado por todos y constantemente lo elevan a las posiciones de liderazgo.

Sin nada. Desnudos. Ésta es la realidad de nuestra situación delante de Dios. El escritor de Hebreos declara: "No hay cosa creada que no sea manifiesta en su presencia; antes bien todas las cosas están desnudas y abiertas a los ojos de aquel a quien tenemos que dar cuenta" (4:13). Hay, sin embargo, muchos ejemplos de vidas transparentes delante de Dios.

> **¡Inténtelo!**
>
> Lee 2 Corintios 12:10.
> - Piensa en dos áreas donde te sientes "débil".
>
> - Ahora medita en cómo Dios puede recibir la gloria a través de cada una de esas áreas de debilidad.
>
> - Comparte de manera transparente con el grupo lo que Dios te ha mostrado.

Guíe el Camino

Nunca se obtendrá la transparencia en el grupo a menos que el líder comparta algunas de sus grandes luchas. David Hocking dice: "Aprenda a admitir sus errores en presencia del grupo y disculparse sinceramente cuando las cosas salen mal o no resultan como esperaba... admitir el fracaso en medio del éxito es una clave para un buen liderazgo. Aprenda a ser abierto y honesto delante de los demás. Ellos le amarán por esto (¡o por lo menos se caerán de espaldas del susto!)."[6]

Si el líder siempre quiere dar la mejor impresión, los otros miembros de la célula harán lo mismo. Algunos líderes se imaginan que ellos están promoviendo la transparencia, pero sus testimonios no resuenan entre los miembros. "Ore por mí, yo realmente me estoy esforzando. Generalmente paso tres horas en oración diaria y leyendo la Biblia, pero últimamente he pasado sólo una hora..." ¿Cómo reaccionarán las personas? "Sí, correcto, como que ella realmente necesita de nuestras oraciones..." Probablemente la mayoría en el grupo se esfuerza para pasar 15 minutos en sus devocionales diarios.

No espere hasta tener un gran problema para compartir. ¿Qué hay de las pequeñas dificultades diarias que todos enfrentamos? La computadora que se descompuso, la larga espera en la cola o el retraso en el trabajo en su empleo.

Cuando se descompuso mi computadora, por ejemplo, compartí mi frustración con el grupo. "Ésta ha sido una semana terrible. No alcancé ni uno solo de mis objetivos. Estuve todo el tiempo tratando de hacer que mi computadora funcionara de nuevo." ¡La gente podía sentirse identificada, y me veían como una persona real – en oposición al Pastor Comiskey! Ralph Neighbour dice:

> Hemos encontrado en la vida celular que los miembros del grupo serán típicamente tan transparentes y abiertos como el líder está dispuesto a ser. En otras palabras, los miembros del grupo raras veces "se arriesgarán" a ser transparentes y francos hasta que ellos hayan visto que alguna otra persona tome el mismo riesgo… La cuestión es si Dios quiere que todos seamos francos y vulnerables. Vivir en comunidad significa vivir en una relación, y vivir en una relación significa vulnerabilidad y transparencia.[7]

"Yo no sé cómo ser un modelo de transparencia," dice usted. "¿Cómo empiezo?" ¿Por qué no les pide a los miembros que oren por un área de debilidad o lucha en su propia vida? Al hacer una pregunta que requiere vulnerabilidad, comparta primero, estableciendo el modelo para que otros los sigan.

Shirley Peddy dice, Cuente su historia primero. Tan a menudo cometemos el error de hacerle una pregunta a la otra persona, poniéndola entre la espada y la pared. Al decir algo personal de uno mismo, se está tomando el primer paso hacia la creación de la confianza."[8]

Usted no siempre necesita compartir problemas, temores o debilidades. ¿Qué hay acerca de sus deseos y planes? Ser transparente significa hablar sobre usted mismo de una manera honesta, permitiendo que otros conozcan sus aspiraciones, sus sueños y esperanzas.

¡Inténtelo!

Lee 2 Corintio 7:5
- ¿Qué podemos aprender del apóstol Pablo sobre el compartir de manera transparente?

_____

Honesto con los Demás

Todos hemos experimentado tiempos de "compañerismo" cuando todos intentaban impresionar a los demás. Uno siente que tiene que realizar un buen papel. Por otro lado, la verdadera comunión cristiana es transparente y honesta. Juan dice: "… si andamos en luz, como él está en luz, tenemos comunión los unos con los otros, y la sangre de Jesucristo, su Hijo, nos limpia de todo pecado" (1 Juan 1:7).

Las relaciones entre las personas requieren de cierta intimidad. Y la intimidad demanda de cierta vulnerabilidad. Cuando permitimos que las personas nos conozcan en nuestros puntos de necesidad puede ser difícil, porque tememos el rechazo si descubren sobre nuestro "verdadero" yo.

Juan Wesley promovía el compartir abierto como la piedra angular de su iglesia celular en el siglo XVIII. Cuando Wesley falleció, dejó tras sí una iglesia de 100,000 miembros y 10,000 grupos celulares. Los grupos celulares de Wesley (llamadas reuniones de clase) generalmente duraban una hora, y el evento principal era "informar sobre la condición de su alma."[9]

La clase comenzaba con una canción. Luego el líder compartía una experiencia personal, religiosa. Después, él inquiría sobre la vida espiritual de los miembros del grupo. La reunión giraba en torno al compartir de las experiencias personales durante la semana previa. Las reuniones de clase de Wesley se describen mejor con una palabra: "transparencia."

Los grupos celulares vibran con el compartir abierto y honesto. Se derrumban las paredes de las heridas u ofensas. Tiene lugar la curación. Los asistentes a las iglesias que se pierden en los bancos de repente tienen un nombre y una cara. Las estadísticas en un papel de la iglesia se transforman en sacerdotes del Dios vivo. La iglesia empieza a cobrar vida mientras las personas se abren en el grupo celular pequeño y adoran libremente en el grupo grande de la celebración.

> **¡Inténtelo!**
> - Reflexione sobre un momento específico en el que las personas compartieron profundamente sobre temas de la vida. Comparte sobre esos recuerdos.
>
> _____
>
> _____
>
> - ¿Qué puedes hacer para generar más transparencia a la hora de compartir en el grupo ahora?
>
> _____

Confiesen Sus Faltas Unos a Otros

Santiago, escribiendo a un grupo de creyentes, dice: "Confesaos vuestras ofensas unos a otros y orad unos por otros, para que seáis sanados. La oración eficaz del justo puede mucho" (Santiago 5:16). Hay sanidad cuando compartimos nuestros pecados y debilidades y luego oramos unos por otros. La preocupación mutua es la manera de combatir el desaliento y las caídas.

Yo admito que se necesita tener mucho discernimiento. Hay un tiempo y un lugar para todo, y usted no necesita compartir todos los detalles de su vida con todos los que usted conoce. También necesita saber que lo que usted comparta será confidencial. Lo que es compartido en el grupo no debe salir fuera del grupo.

Aunque está bien mantener la cautela, he descubierto que como creyentes tenemos la tendencia a equivocarnos del lado conservador. Exponemos demasiado poco de nuestras vidas, así levantamos barreras en lugar de vías de acceso.

> **¡Inténtelo!**
>
> Lee 1 Juan 1: 9
> - Recuerda que este versículo está dirigido a una pequeña iglesia en casa. ¿Cómo está tu grupo practicando este versículo?
>
> _____
> _____
> _____
> _____
>
> - ¿Qué puedes hacer para seguir las instrucciones de este versículo en tu grupo?
>
> _____
> _____
> _____
> _____
> _____

Transformación

La transparencia debe llevar a la transformación. Cuando una persona o una pareja revela una lucha, él o ella se está abriendo para solicitar ayuda. "Ore por mí." "Ayúdeme." El resultado deseado es el cambio. "Queremos dejar de pelear y empezar a entendernos," nos comparte posiblemente la joven pareja. Este compartir profundo surge de un sincero deseo de cambiar.

El grupo celular debe hacer que la pareja se sienta responsable de mejorar su conducta - no de un modo legislativo o legalista, sino por medio de un constante estímulo. El grupo celular debe hacer que la pareja se sienta responsable de mejorar su conducta - no de un modo legislativo o legalista, sino por medio de un constante estímulo.

¡Piénselo!

Estrategia: Responsabilidad en el Discipulado de los Grupos de Juan Wesley. Las preguntas que se hacían en todas las reuniones de la banda Metodista:

- ¿Qué pecados conocidos ha cometido usted desde la última reunión?
- ¿Qué tentaciones ha tenido?
- ¿Cómo fue liberado?
- ¿Qué ha pensado, dicho, o hecho, que puede ser o no un pecado?

El escritor de Hebreos tenía en mente la transformación al decir: "... No dejando de congregarnos, como algunos tienen por costumbre, sino exhortándonos; y tanto más, cuanto veis que aquel día se acerca" (10:25). La transparencia sin la transformación es superficial. Yo lo llamo un grupo celular para un *tiempo de sentimientos* o un *Barco del Amor*.

La persona, habiendo descargado su alma, intencionalmente vuelve enseguida al fango. "Yo no encuentro tiempo para hacer mis devocionales," comparte Jaime. "Estoy demasiado ocupado." El líder podría responder: "Oremos por Jaime." El grupo ora para que haya una transformación y para que Jaime vea la necesidad de poner al Dios vivo antes que sus logros. Sin embargo, si Jaime hace la misma confesión transparente semana tras semana, pero no toma pasos concretos para dar prioridad a Dios en Su tiempo, sería correcto asumir que él quiere la transparencia sin la transformación.

> **¡Inténtelo!**
>
> Lee Santiago 1:22-23
> • ¿Cómo describe Santiago a la persona que solo escucha la Palabra de Dios?
>
> _____
>
> • ¿Qué puede hacer su grupo para recordar a los miembros de sus compromisos para obedecer la Biblia?
>
> _____

Guíe al Grupo a Niveles Más Profundos de Comunicación

Un grupo no se abrirá de repente. Hay pasos para llevar a un grupo a niveles profundos de intimidad. Durante las etapas iniciales, su grupo compartirá las últimas noticias acerca del tiempo, los deportes, eventos en la iglesia, o relacionadas con el trabajo. Lentamente, el grupo entrará en nuevos niveles de intimidad. Usted, el líder de la célula, debe guiar al grupo hábilmente a estos nuevos niveles.[10]

Nivel Uno: Charla de todos los días (del tiempo, etc.). Aquí es donde tienen lugar las conversaciones casuales – las charlas superficiales de lo diario. Por ejemplo: ¿Cómo está usted hoy? El tiempo realmente ha estado frío.

Nivel Dos: Información o hechos. En este nivel, los miembros del grupo intercambian hechos. Ejemplo: Justamente hoy escuché que van a subir más todavía el precio de la nafta.

Nivel Tres: Ideas y opiniones. En esta etapa los miembros se sienten bastante seguros como para defender sus ideas, sabiendo que nadie va a cuestionar lo que dicen. Por ejemplo: Yo pienso que el gobierno debe poner límites en los precios de la nafta. Si los precios siguen subiendo, la economía en general va a sufrir. Nivel Tres: Ideas y opiniones. En esta etapa los miembros se sienten bastante seguros como para defender sus ideas, sabiendo que nadie va a cuestionar lo que dicen. Por ejemplo: Yo pienso que el gobierno debe poner límites en los precios de la nafta. Si los precios siguen subiendo, la economía en general va a sufrir.

Nivel Cuatro: Sentimientos: Lo que realmente está pasando en nuestras vidas. En este nivel los miembros del grupo se sienten bastante seguros como para compartir sus sentimientos. Por ejemplo: Me he sentido deprimido todo el día, y no estoy seguro por qué. Ésta es la fase donde los miembros del grupo comparten sus sueños, esperanzas, miedos y fracasos.

La transparencia personal conduce a un sentimiento de ser conocidos como quienes somos realmente. La verdadera intimidad está en este nivel. Por ejemplo: "Me gusta viajar, pero lucho con los efectos que tiene sobre mi familia. Cuando volví de mi último viaje, me di cuenta que mi familia me necesitaba de veras. Ore por mí esta semana cuando viajo a…"

El grupo entrará a los niveles más profundos al ir madurando. El líder es la clave para guiar al grupo a los nuevos niveles y debe crear la atmósfera en la que todos sean libres para compartir. Cuando se realicen preguntas indefinidas de aplicación, los miembros del grupo hablarán sobre lo que realmente está en sus corazones y mentes.

¡Piénselo!

Pautas para el Descubrimiento del Grupo Pequeño:
- Conózcanse unos a otros.
- Mantengan una estricta confidencialidad en el grupo.
- Lleven las cargas los unos de los otros.
- Sean responsables los unos de los otros.

Viva Honestamente Delante de Dios y de los Demás

La vida transparente comienza con un encuentro diario con Dios en sus devociones personales y luego comunicándose honestamente con Él a lo largo del día. Pídale a Dios diariamente que lo transforme para ser honesto y transparente cuando pasa su tiempo consistente en Su presencia. Después de vivir de una manera transparente delante de Dios, póngase como meta compartir sus propias debilidades y pruebas con las personas con las que se relaciona a diario. No se sienta siempre como que tiene que parecer bueno delante de los demás. Permítale a Dios que sea fuerte en sus debilidades.

Las palabras de mi hermano Andy me siguen hablando hoy día. Por cierto, yo no he llegado a la meta. Todavía tengo la tendencia de causar una buena impresión en los demás y a esconderme detrás de una apariencia de fuerza. Sin embargo, cuando medito en Su gracia y comprendo que Él se glorifica en mi debilidad, soy estimulado a vivir honestamente delante de Dios y de los demás. Ahora es su turno: ¿Hay muchas vías de acceso en su vida?

Los líderes celulares eficaces no se esconden detrás de la superficialidad, actuando como si no fuera espiritual tener que experimentar el dolor y los problemas. Más bien, desnudan sus almas por medio de una honesta transparencia. Ellos comparten profundamente, motivando al resto del grupo para seguir su ejemplo

---

¡Recuérdelo!

Practica la transparencia en tu grupo esta semana.
- *Comparte una debilidad o dificultad que estés experimentando.*
- *Comparte una victoria o área en la que estés agradecido.*

¡Memorícelo!

Pero si vivimos en la luz, así como él está en la luz, tenemos comunión unos con otros, y la sangre de su Hijo Jesucristo nos limpia de todo pecado (1 Juan 1:7, NVI)

¡Recuérdelo!

1. Qué parte de esta lección tuvo el mayor impacto en usted? ¿Qué verdad se destacó en esta lección?_____

2. Puntos principales:
   - El mandato bíblico de confesar nuestros pecados entre sí se realizaba en el grupo pequeño (iglesias en casa)
   - El facilitador debe ejemplificar la transparencia.
   - La transparencia debe llevarnos a la transformación.

¡Apliquelo!

1. Prepárese para compartir un área transparente de su vida en el grupo. Esto podría ser un aspecto positivo o negativo de tu vida.
2. Apunta a la transformación en lugar de simplemente a la información.
3. Guíe al grupo a niveles más profundos de comunicación.
4. Encuentra un mentor que te ayude a vivir honestamente ante Dios y los demás.

Notas de Capítulo

Notas de Capítulo

Notas de Capítulo

Capítulo Cinco

Una Mente Inquisitiva: Haciendo Preguntas Estimulantes

Hace poco atrás, Pedro aceptó mi desafío para dirigir cuatro lecciones consecutivas. Dos de ellas eran tan secas como un hueso, mientras que las otras giraron en torno a una emocionante discusión. ¿La diferencia? Las preguntas de Pedro. En todas las cuatro lecciones, él escuchaba atentamente, llamaba a los miembros individualmente por sus nombres, y tuvo la precaución de no dominar. En otras dos ocasiones, sin embargo, él hizo preguntas que estimulaban a la participación. A menudo la diferencia entre la discusión eficaz y el tipo que termina en un silencio embarazoso tiene que ver con el tipo de pregunta que el líder realiza.

Mientras entrena su mente para identificar y preparar preguntas estimulantes y abiertas, su pequeño grupo volará alto. Las personas saldrán edificadas, haciendo planes para volver la semana siguiente.

Preguntas Cerradas Versus Preguntas Abiertas

Durante las dos reuniones con menor éxito, Pedro enfocó completamente en el pasaje de la Biblia. Estábamos tratando el libro de Jonás, así que Pedro preguntó: "¿Adónde huyó Jonás?" "A un barco que partía para Tarsis," contestó un miembro. "Muy buena respuesta," dijo Pedro. "¿Nadie más?" Silencio. "¿Por qué huyó Jonás?" preguntó Pedro. "Porque era desobediente," dijo otro miembro. Pedro intentó conseguir que más personas hablaran. "¿Alguien más quiere compartir?" Algunos balbucearon alguna variante de la misma respuesta, pero al fin de cuentas, sólo había una respuesta: Jonás era desobediente.

Pedro escuchaba atentamente, daba respuestas positivas y hacía todo bien. ¿Qué más podría decir el grupo? Había básicamente sólo una respuesta para dar. Jonás huyó porque era desobediente. Alguno podría haber agregado algunos adjetivos más, como, por ejemplo: "Jonás era tremendamente desobediente," pero ¿por qué molestarse? Ni siquiera un líder extraordinario, muy especializado podría obtener una mayor discusión de esa pregunta. Pedro podría esperar en silencio por una hora, esperando que alguien más hablara, y yo me habría sentado allí en silencio con él.

Algunos días después yo hablé con Pedro. Compartí con él mis propios fracasos y descubrimientos - sobre todo en el área de hacer preguntas.

Algo sucedió en Pedro y la próxima lección fue excelente. Estudiamos Salmo 46:1: "Dios es nuestro amparo y fortaleza, nuestro pronto auxilio en las tribulaciones." Pedro empezó con unas preguntas cerradas y de observación para ayudarnos a entender el texto bíblico. Pero esta vez él aplicó el pasaje bíblico rápidamente a nuestras propias vidas, con preguntas como las siguientes: "¿Cuándo fue la última vez que usted tuvo una crisis? ¿Cómo la manejó?" Después Pedro siguió con otra pregunta de aplicación: "¿Cómo fue que Dios llegó a ser un refugio en su vida por medio de esa crisis?"

Todos teníamos algo que compartir. "Hace muchos años yo administraba el negocio de sastrería más exitoso en el país," nos empezó a decir Pablo. "Yo amaba mi trabajo e incluso hacía trajes para el presidente. En la culminación de mi éxito, los doctores me dijeron que era mi salud o mi trabajo, así que tenía que dejarlo. Pero Dios…"

Entonces Carol compartió, diciendo: "Hace poco mi hija María dijo que estaría en casa a las diez de la noche, pero a la una de la mañana ella todavía no había llegado. Yo soy una persona nerviosa de todas maneras, pero esta vez yo ya estaba fuera de mí. Por medio de la oración Dios empezó a…" Esa noche nuestro grupo compartió muy bien. Llevamos las cargas los unos de los otros. Nos fuimos edificados, animados y ávidos por regresar para recibir más.

Preparar las preguntas correctas antes de empezar la reunión puede darle la seguridad que la discusión será viva y dinámica. Las preguntas cerradas tienen una respuesta correcta. Cuando un líder las usa demasiado, él se coloca en la posición de un experto de la Biblia que trata de descubrir al estudiante más brillante y con mayor conocimiento bíblico.

Las preguntas abiertas, por otro lado, provocan la discusión y el compartir. Hay más de una respuesta correcta. Las preguntas abiertas mueven a los miembros de la célula a la aplicación de las verdades bíblicas a sus propias vidas.

Preguntas Abiertas Versus Preguntas Cerradas	
Ejemplos de preguntas que generan discusión:	Ejemplos de preguntas cerradas que provocan solo una respuesta:
• ¿Qué vas a hacer de manera diferente como resultado de escuchar estos versículos? • Comparte tus experiencias en relación a... • ¿Cómo te ha hablado Dios?	• ¿Estás de acuerdo con este pasaje? • ¿Quién es el personaje principal en este pasaje? • ¿Qué dice este pasaje acerca de ...?

La Preparación de Preguntas Dinōmicas

Miremos un ejemplo del pasaje conocido de Juan 3:16: "De tal manera amó Dios al mundo, que ha dado a su Hijo unigénito, para que todo aquel que en él cree no se pierda, sino que tenga vida eterna."

Observación	Interpretación	Aplicación
Entendiendo lo que dice el pasaje de la Biblia.	Aclarando lo que quiere decir el pasaje de la Biblia.	Aplicando el pasaje bíblico en la práctica en nuestras vidas diarias.

Observación

Usted podría empezar con una pregunta cerrada de observación, como, por ejemplo: "¿Cómo demostró Dios su amor por nosotros?" La respuesta se encuentra dentro del texto. En este caso, usted simplemente les está pidiendo a las personas que *observen* y contesten lo que ven en el versículo. Hasta un hindú que nunca había leído la Biblia podría contestar la pregunta: "Dios demostró su amor enviando a Su Hijo."

Es grandioso incluir algunas preguntas de observación al principio de la lección de la célula. Estas preguntas ayudarán a sus miembros a entender el significado del pasaje de la Biblia.

> **¡Inténtelo!**
> - Escriba su propia pregunta de la observación de Juan 3:16.
>
> _____
> _____
> _____

Interpretación

Usted podría dar un paso más adelante y pedir a los miembros de la célula que interpreten lo que significa el versículo, sin embargo, esta pregunta es también en su mayor parte una pregunta cerrada. Por ejemplo, usted podría preguntar: ¿Qué clase de amor demostró Dios? Algunas podrían hablar sobre el amor sacrificial de Dios; otras podrían referirse a la compasión paternal de Dios.

El líder podría estar dispuesto a hablar sobre la palabra griega *ágape*, que se refiere al amor de Cristo que se sacrificó a sí mismo en la cruz. Mientras hay espacio para algunas preguntas semejantes de interpretación para entender la Biblia mejor, ésta no es la meta del grupo celular. Si usted usa este tipo de pregunta con demasiada frecuencia, sus miembros saldrán con mucho conocimiento, pero muy poca transformación en sus propias vidas.

Las preguntas de observación y de interpretación nos ayudan a entender la Biblia, pero por lo general son preguntas cerradas. Alcanzan la cabeza, pero no el corazón. Pueden proporcionar información bíblica muy útil, pero generarán muy poca interacción.

> **¡Inténtelo!**
> - Escriba su propia pregunta de interpretación de Juan 3:16.
>
> _____
>
> _____
>
> _____
>
> _____

Aplicación

Miremos una pregunta de aplicación abierta que tiene que ver con Juan 3:16. Se podría decir: "Describa su experiencia cuando entendió por primera vez que Dios le ama." Después, podría pedirle a uno de los creyentes en el grupo lo siguiente: "Susana, ¿podría compartir lo que pasó cuando experimentó por primera vez el amor de Dios?"

Esta forma de pregunta/exhortación toma el versículo tan conocido en Juan e invita a los miembros a que lo apliquen. De este modo muchos compartirán. También podría hacer una pregunta como la siguiente: "¿Cómo vino usted a saber que Dios le ama? ¿Habló alguien con usted acerca de Dios? ¿Estaba solo en su cuarto? Comparta su experiencia."

> **¡Inténtelo!**
> - Escriba su propia pregunta de aplicación de Juan 3:16.
>
> _____
>
> _____

> **¡Piénselo!**
> Filipenses 4:13: "Todo lo puedo en Cristo que me fortalece."
> - **Pregunta de observación:** "¿Cuántas cosas podemos hacer con la fortaleza de Dios?"
> - **Pregunta de interpretación:** "¿Por qué se aplica este versículo sólo a los creyentes?"
> - **Pregunta de aplicación:** "¿De qué manera Cristo le ha dado fuerza la semana pasada?"

Cautive el Corazón

Hace algunos años visité una célula donde se estaba discutiendo la parábola del siervo implacable en Mateo 18:21-35. El líder de la célula hizo pregunta tras pregunta acerca de lo que decía el texto decía (observación), luego algunas preguntas más sobre el significado del texto (interpretación), pero ni una vez les pidió que aplicaran estos versículos a sus propias vidas.

Él perdió una tremenda oportunidad. Él podría haber dicho: "Comparta una experiencia cuando sintió amargura hacia otra persona." Luego podría haber dicho: "Comparta cómo usted superó esos sentimientos y pudo perdonar a esa persona." Muy probablemente había personas esa misma noche que necesitaban ser liberadas de su amargura reprimida y que anhelaban compartir con otros.

Asegúrese de cautivar el corazón durante la lección de la célula. No permita que la gente se vaya sin haber aplicado la Biblia a sus propias vidas. Conozco un líder celular a quien le gusta concluir el tiempo con la Palabra diciendo: "A la luz de lo que hemos leído y discutido en este pasaje, ¿cómo piensa usted que Dios quiere usar esto en su vida o en la vida de este grupo?"

Yo recomiendo, por lo menos, una pregunta de aplicación por cada dos preguntas de observación/interpretación.

> **¡Piénselo!**
> *Preguntas Que Valen la Pena Ser Repetidas*
>
> Las preguntas deben enfocar en el significado principal del pasaje y su aplicación. Aquí hay cuatro preguntas que pueden usarse repetidamente con alguna variación:
>
> - ¿Qué se destaca en este pasaje?
>
> - ¿Cuál parece ser el punto principal de este pasaje?
>
> - ¿Puede ilustrar usted esta verdad con una experiencia en su vida?
>
> - ¿Qué le está diciendo Dios ahora?

Apunte a la Transformación

Todas las lecciones deben darles algo a las personas para sentir, recordar y hacer. La meta del grupo celular es la transformación de las vidas, y no tanto la acumulación de conocimientos. Por esta razón, es importante recordar a los miembros de la célula sobre el desafío de la semana anterior y determinar si pasó algo importante.

El líder podría empezar el tiempo de la lección diciendo: "Ustedes recordarán que la semana pasada hablamos acerca de 1 Juan 3:16-17. Quiero volver a leer estos versículos: "En esto hemos conocido el amor, en que Él (Jesucristo) puso su vida por nosotros; también nosotros debemos poner nuestras vidas por los hermanos. Pero el que tiene bienes de este mundo y ve a su hermano tener necesidad y cierra contra él su corazón, ¿cómo mora el amor de Dios en él?" Luego pregunte: "¿Puede alguien dar un testimonio sobre un acto de bondad que se hizo a alguien durante la semana pasada?"

Simplemente espere en silencio por unos momentos. Si nadie comparte, por lo menos ellos sabrán que usted está esperando que ocurra una transformación a raíz de la lección de la célula, en lugar del mero conocimiento bíblico. Si usted empieza la lección todas las semanas preguntando cómo las personas actuaron con respecto a la lección anterior, los miembros empezarán a buscar maneras de aplicar la lección. Esto requiere vulnerabilidad en su propia vida también. Si usted no actuó según lo expresado en la lección de la semana anterior, admítalo. Las personas apreciarán su honestidad.

¡Inténtelo!

Lee Efesios 4: 22-24
- ¿Qué nos dice Pablo acerca de lo viejo y lo nuevo?

_____

_____

- ¿En qué áreas necesita renovación hoy?

_____

_____

Explique el Pasaje Claramente

Aunque la lección esté basada en las preguntas, los miembros deben entender el contexto general del pasaje bíblico para contestarlas.

¡No se siente en silencio durante una hora, esperando una contestación! Si los miembros del grupo no entienden la pregunta, sus caras confundidas lo revelarán. Quizás hay confusión porque ellos no entendieron el contexto bíblico. En las mentes de los oidores, la pregunta quedó en el aire, sin una base concreta.

Yo recomiendo, por lo tanto, que el líder inicie la lección de la célula (el tiempo con la Palabra) explicando el contexto general y el significado del pasaje. El líder podría usar preguntas cerradas, de observación, para aclarar el significado, pero por lo general es muy útil dar una explicación breve del pasaje.

No hay ninguna excusa para el estudio bíblico desprolijo, superficial. Algunos piensan erróneamente que las lecciones participativas basadas en preguntas no requieren tanto tiempo de preparación como los estudios bíblicos dados como monólogo. ¡Equivocado!

¡Inténtelo!

Lee Nehemías 8:8.
- ¿Además de leer la Biblia al pueblo, ¿qué más hicieron los levitas?

_____

_____

_____

- ¿Qué tipo de explicación le da a su grupo del pasaje bíblico?

_____

_____

_____

_____

Limite Sus Preguntas

Uno de los errores más comunes en las agendas de las células es la inclusión de demasiadas preguntas para discutir. Algunos líderes celulares se sienten obligados a cubrir todas las preguntas - incluso cuando hay diez o más.

Durante un buen tiempo con la Palabra se harán de tres a cinco preguntas. Si los líderes celulares intentan cubrir más de eso, los extrovertidos en el grupo dominarán toda la reunión.

Mi consejo es que se les permita a las personas que se vayan a sus casas sintiendo hambre para recibir más, en lugar de un compromiso como para no volver nunca más a una reunión celular tan larga y aburrida. Pienso también que es importante dejar tiempo para la oración después de la lección de la célula. Es mejor alcanzar un 'crescendo' de un compartir profundo que conduzca naturalmente a un orar profundo.

¡Inténtelo!

- Los mejores líderes de grupos pequeños preparan preguntas excelentes que estimulan la discusión.

_____

_____

- ¿Qué puede hacer para preparar mejores preguntas y luego limitar esas preguntas a 3 a 5?

_____

_____

Es la Pregunta

Es la pregunta, líder de célula. Es simplemente una posibilidad, que la falta de participación en su grupo celular es el resultado de demasiadas preguntas cerradas y no por carencia de habilidades como un líder de un grupo pequeño. Antes de desanimarse demasiado pensando que carece de habilidades para la comunicación, examine las clases de preguntas que ha estado usando. Comience por asegurarse de incluir preguntas abiertas de aplicación hacia el principio de la lección de la célula, y vea cómo su grupo celular recobra vida.

Los líderes celulares exitosos usan sus mentes para crear preguntas de aplicación estimulantes que promueven la participación. Ellos comprenden que a menudo las palabras utilizadas en la pregunta hacen toda la diferencia entre el éxito y fracaso.

¡Hazlo!
Lee Filipenses 4:13.
- Prepare una lección de 3 a 5 preguntas con al menos dos preguntas de aplicación abiertas.
- Pídale a un líder de grupo pequeño o supervisor que lo revise (y esté listo para usar su lección en una célula).

¡Memorícelo!
"No se amolden al mundo actual, sino sean transformados mediante la renovación de su mente. Así podrán comprobar cuál es la voluntad de Dios, buena, agradable y perfecta" (Romanos 12:2, NVI).

¡Recuérdelo!
1. ¿Qué parte de esta lección tuvo el mayor impacto en usted? ___

2. Puntos principales:
   - Las preguntas abiertas son preferibles a las preguntas cerradas.
   - Aplicar la Biblia a través de preguntas de aplicación.
   - Apunta a la transformación más que a la información.
   - Explica claramente el pasaje para aplicarlo.
   - Limite el número de preguntas a aproximadamente cinco.

¡Aplíquelo!
1. Prepare de 3 a 5 preguntas transformadoras que cautiven el corazón.
2. Explique el pasaje claramente y luego facilite una lección que estimule la discusión y la aplicación.

Notas de Capítulo

Notas de Capítulo

Notas de Capítulo

Capítulo Seis

Oídos que Escuchan

El Presidente Theodore Roosevelt, conocido como un hombre de acción, también era un gran oyente. Él esperaba encontrar esta cualidad en otras personas. Cierta vez, en un baile de gala, él se cansó de encontrarse con personas que le devolvían sus comentarios con ceremoniosos y tontos cumplidos. Así que empezó a saludar a las personas con una sonrisa, diciendo: "Asesiné a mi abuela esta mañana." La mayoría de las personas, tan nerviosas al saludarlo, ni siquiera escuchaban lo que él decía. Pero un diplomático sí lo escuchó. Cuando escuchó el comentario del presidente, se inclinó hacia él y le susurró: "¡Estoy seguro que se lo buscó!"

Los oídos afinados y que escuchan con atención son un artículo difícil de encontrar. Es mucho más fácil escuchar parcialmente, mientras vagamos lejos en nuestros propios sueños y planes. Creo que escuchar, más que hablar, es lo que distingue a los comunicadores eficaces de los demás.

La mayoría de nosotros estamos tan llenos con nuestra autobiografía que realmente no intentamos entender el punto de vista de la otra persona. Primero queremos que los demás nos entiendan a nosotros. Los grandes oyentes buscan de *entender primero*.

La Contestación del Miembro Tiene Prioridad

"El cliente siempre tiene razón" es el mantra para un número cada vez mayor de compañías exitosas. En el grupo celular, *las necesidades de los miembros* dirigen tiempos de lecciones emocionantes.

¡Lo que usted tiene que decir, líder, no es tan importante como los pensamientos de los que están presentes! Concéntrese en ellos, no en usted mismo, y todos saldrán edificados. El mejor regalo que le puede hacer a sus miembros es escucharlos con atención.

Cuando el líder ha escuchado atentamente la respuesta, el grupo lo sabrá. Un sentimiento de satisfacción llenará el cuarto. Quizás el grupo estará en silencio por un momento. Eso está bien. Usted no necesita decir nada en particular porque el fruto de escuchar bien se presentará. El próximo punto en la discusión fluye con naturalidad.

> **¡Inténtelo!**
> Lee Proverbios 18:13
> • ¿Cómo describe el escritor a alguien que no escucha bien?
>
> _____
>
> _____
>
> • En una escala de 1 a 10, ¿cómo describiría sus habilidades de escucha en este momento? ¿Qué necesitas hacer para mejorar?
>
> _____
>
> _____

Escuche Activamente

El escuchar activo es vigoroso, enérgico y diligente. Requiere escuchar todas las palabras, como un proyectil que persigue la fuente de calor que acorta la distancia con un avión enemigo. Se requiere trabajar duro y esforzarse con diligencia para pensar en los intereses de los demás más que en los propios.

Stephen Covey dice, "La mayoría de las personas no escucha para entender; ellos escuchan para contestar. Mientras el otro está hablando, ellos están preparando su respuesta."[11] La mayoría de nosotros está acostumbrado a lo que se puede llamar pseudo escuchar. Asentimos con la cabeza como si estuviéramos escuchando, mientras que nuestros pensamientos podrían estar en otra reunión totalmente diferente. Es tentador pensar en la siguiente pregunta, el teléfono que suena, o los problemas en el trabajo.

Los grandes líderes escuchan todas las palabras dichas por las personas - hasta el final. Yo sé que es difícil, pero cuando los miembros de la célula reconocen las habilidades activas del líder para escuchar, ellos seguirán su ejemplo.

> **¡Piénselo!**
> *Por Qué Es Tan Difícil Escuchar*
>
> Una razón es que por lo general las personas hablan aproximadamente 125 a 150 palabras por minuto mientras que los oyentes pueden procesar fácilmente unas 500 palabras por minuto. Debido a este "tiempo de retraso," es fácil asentir con la cabeza, sonreír y actuar como si estuviera escuchando, mientras sigue pensando en otra cosa.

Escuche Lo que no se Dice

La ciencia de la cinética - o el lenguaje corporal - es el estudio de la comunicación no verbal.[12] Ya que 60 por ciento de toda la comunicación involucra el lenguaje corporal, es importante escuchar lo que no se dice.

Los gestos, como una mirada aburrida, una mirada fija incrédula, o una mirada cómica a un amigo, expresan lo que una persona realmente está pensando.[13]

He visto como algunos líderes celulares apurados demuestran su distracción cuando alguien está respondiendo. Puede ser un gesto, una mirada al reloj, o una mirada rápida a la siguiente pregunta. Pero el mensaje no verbal suena fuerte y claro: lo que usted está compartiendo no es importante, es equivocado o inapropiado.

> **¡Piénselo!**
> *Chequeo No Verbal para los Líderes de los Grupos Pequeños*
>
> Cuando alguien contesta una pregunta, responde generalmente con:
> - ¿Una sonrisa?
> - ¿Un asentimiento con la cabeza?
> - ¿Ofrece prestar su ayuda?
>
> O inconscientemente:
> - ¿Frunce el ceño y pone mala cara?
> - ¿Muestra poca sensibilidad?
> - Tarda en actuar por las necesidades de los presentes.

El interés mismo del líder demostrado por sus acciones y gestos establecerán el tono de las reuniones celulares.

> **¡Piénselo!**
> *Comunicación No Verbal*
> - **Primera Idea:** Sea transparente. Si está cansado, tuvo un día malo o está luchando con algo, simplemente permita que el grupo lo sepa. Su transparencia estimulará a otros para compartir libremente también. De otro modo, los miembros de su célula podrían pensar que usted está enfadado con ellos. El grupo celular es el momento para compartir la realidad y no esconderse.
> - **Segunda Idea:** Sea lleno del Espíritu. Los líderes que están llenos de Cristo son mucho más eficaces en sus respuestas – tanto verbal y no verbalmente - a los miembros de la célula. Jesucristo proporciona el eslabón perdido.

Un líder sabio podría decir: "Bety, parece que usted está pensando en algo. ¿Quiere agregar algo?" "Bueno, ya que lo menciona, quiero decir algo." ¿Cómo sabía este líder de la célula que Bety quería decir algo? Él observó que ella estaba sentada en el borde de su silla, frotando su mentón y moviendo el pie. Él leyó su lenguaje corporal.

> **¡Piénselo!**
> *Comunicación No Verbal*
>
> Para estimular la conversación de los participantes:
> 1. Mantenga una posición corporal abierta (no cruce los brazos ni las piernas hacia el grupo).
> 2. Inclínese hacia delante para mostrar interés.
> 3. Asienta con la cabeza y sonría para mostrar que está de acuerdo.
> 4. Tenga un breve contacto visual para animar en la conversación a una persona callada.

Escuche a Sus Miembros ccon Respecto a Su Liderazgo

Cuando dicto un seminario o un curso, les pido a los participantes que evalúen mi ministerio. A menudo tengo que obligarme a leer las evaluaciones, porque no me gusta recibir la crítica. Pero sé que nunca mejoraré a menos que yo sepa cómo mejorar. Las evaluaciones señalan las áreas débiles y destacan las fuertes.

Los líderes celulares escuchan para mejorar la calidad de la célula. Y las consecuencias de escuchar son mucho más que heredar las posesiones terrenales. Están en juego los tesoros eternos.

Yo le aconsejaría que les preguntara a los miembros de su célula cómo podría mejorar su liderazgo. Pregúnteles si se están satisfaciendo las necesidades del grupo celular. Pregúnteles si hay algo que usted puede hacer para mejorar la atmósfera del grupo. Escúchelos.

¡Inténtelo!

Lee Proverbios 15:31
- ¿Qué dice este versículo acerca de la crítica edificante?

_____

_____

- ¿Cómo te va en esta ōrea?

_____

_____

Escuchando por Medio de la Repetición

Yo he aprendido el poder de clarificar y reiterar lo que dicen los miembros del grupo. Una noche estábamos discutiendo acerca de 1 Timoteo 4:12: "Ninguno tenga en poco tu juventud, sino sé ejemplo de los creyentes..." Después de algunas preguntas de observación, pregunté: "¿Alguien puede compartir acerca de un tiempo cuando su ejemplo influyó en otra persona?"

Cristina empezó diciendo: "En la escuela secundaria, mis amigas burlonamente me llamaban "pastora". Sin embargo, con el paso del tiempo, ellas venían a mí buscando consejo y pronto empecé un grupo pequeño en el campus con esas mismas compañeras que me decían nombretes."

Yo respondí: "Su ejemplo atrajo a los que se burlaban de usted y usted pudo aconsejarles y ministrarles. Gran ejemplo. ¿Otros?" Esta práctica tiene muchas ventajas. Aquí hay algunas:

- Le da una oportunidad a la persona para decir, "No, yo realmente no quise decir eso. Lo que yo quise decir es..." La comunicación es un proceso difícil, lleno de riesgos y de problemas potenciales. Nosotros pensamos que entendemos lo que la persona nos está diciendo, pero a menudo nuestros propios prejuicios y experiencia nublan el verdadero significado. Reiterando la idea de la persona en sus propias palabras le ayudará a evitar los malos entendidos y enriquecerán la discusión de la Biblia.
- Reiterando la idea le dará a los vacilantes y tímidos más tiempo para formular sus contestaciones. Si está cubriendo Romanos 12:17-21, usted podría decir: "Gracias, José, por esa contestación. Cuán verdadero es que debemos devolver el bien por mal. Pero como usted dijo, a menudo nos olvidamos que hemos rendido nuestros derechos a Jesucristo."
- Hará que el líder sea un mejor oyente. Muchas señales parecen cruzar la mente del líder cuando alguien está hablando (por ej., la próxima pregunta, la atmósfera de la casa, los gestos, cuidados personales, etc.). La disciplina de reiterar las palabras del miembro ayudará al líder a enfocar en escuchar.
- Reiterando el comentario demuestra amor por la persona. Habla fuertemente que el líder ha tomado la contestación en serio. Cuando el líder salta rápidamente a la siguiente pregunta, justamente se está comunicando lo opuesto.
- Ayuda a los que están en el grupo que no han estado escuchando activamente a entender los comentarios de esa persona. Cuando alguien más está hablando, es fácil que los otros miembros vuelvan a sus propios problemas y preguntas. La reiteración de la idea ayudará para que todos queden ubicados en lo mismo.

Niéguese a Contestar Sus Propias Preguntas

"¿Qué nos dice el verso cuatro?" Juan le preguntó al grupo. Silencio. "¿Quiere alguien compartir con el grupo qué significa el verso cuatro?" Más silencio. "Bien, permítanme compartir con ustedes lo que significa..." Los facilitadores se convierten rápidamente en predicadores a las primeras señales de silencio.

Cuando usted hace una pregunta, ha colocado la pelota en el área de los miembros, y ahora espere que ellos contesten. Cuando el líder de la célula se embarca en una homilía premeditada, los miembros celulares se sienten defraudados. "Yo pensé que él quería que yo compartiera," refunfuña un miembro para sus adentros. "¿Por qué domina tanto?" piensa otro. Muchos líderes celulares se sienten inseguros mientras esperan una contestación.

Cuando usted contesta sus propias preguntas, está comunicando que no espera recibir una respuesta. Ellos pensarán: "Él nos está haciendo una pregunta inicial, pero en realidad la quiere contestar él mismo." Finalmente, las personas dejarán de responder totalmente.

El líder ya ha pasado mucho tiempo meditando en las preguntas, estudiando el pasaje, y mirando los diferentes ángulos. El miembro de la célula acaba de oír la pregunta por primera vez. Muchos pensamientos están bombardeando la mente del miembro:

- "¿Qué significa realmente el pasaje de la Biblia?"
- "¿Cómo debo contestar esta pregunta?"
- "Mi respuesta es demasiado obvia."
- "Yo preferiría que otra persona hable primero."
- "Quizá yo deba esperar para contestar la próxima pregunta."
- "Ya he hablado demasiado."
- "Creo que no tengo la respuesta correcta."

Entonces finalmente, se prende la luz: "Ahí está, ya lo tengo, creo que voy a compartir."

Los primeros segundos después de lanzar la pregunta es un tiempo de digestión. Dele tiempo a los miembros para masticar la pregunta.

Mientras el miembro de la célula está ensayando su contestación, el líder de la célula podría estar pensando ansiosamente:

- "¿Esta era una buena pregunta?"
- "¿Expresé correctamente la pregunta?"
- "¿Cómo es que nadie está respondiendo?"

- "¿Debo preguntarle a alguien directamente?"
- "Quisiera que hubiera mayor participación."

Cuando alguien comparte finalmente, el líder de la célula se siente aliviado. ¡Aflójese! Debe darles tiempo a las personas para pensar y responder. Ralph Neighbour ofrece este sabio consejo:

> Hace años aprendí a presentar el tema brevemente al grupo y luego miro fijamente la punta de mi zapato. Haciendo esto, yo estoy indicando que ya no controlo lo que vaya a pasar. Después de un corto tiempo de silencio, alguien siempre habla. Él o ella probablemente se dirige a mí cuando lo hace, pero a propósito yo no los miro directamente. El grupo comprende que son libres y que no voy a dirigir la discusión. En esa libertad, los miembros del cuerpo empiezan a buscar de escuchar la voz de la Cabeza, Jesús, en lugar de escuchar la voz del facilitador. ¡Lo que pasa luego puede ser impactante.[14]

Una respuesta por cada pregunta es un resultado muy pobre. Los líderes celulares sabios esperan mayores resultados; ellos piden al grupo que aporten más respuestas. Algunos miembros de la célula son introvertidos y deben cobrar valor para traspasar su propia barrera del sonido para poder decir algo.

¡Inténtelo!

Lee Lucas 9: 28-36
- Note el versículo 33, especialmente la última parte. Como muchos, Pedro sintió que tenía algo que decir.

- ¿Cómo respondes normalmente cuando hay silencio?

- ¿Cómo puedes mejorar tus habilidades de escucha cuando hay silencio?

Escuche con Simpatía Antes de Aconsejar

A menudo las personas vienen a una célula para recibir sanidad. Están llenas de emociones reprimidas y heridas: heridas de críticas o juicios descuidados; del rechazo en la niñez o por el fracaso de su matrimonio. Algunos han sido heridos vez tras vez y dependen del grupo celular para recibir algún tipo de apoyo. Ellos necesitan una comunidad íntima donde puedan crecer, recibir el cuidado necesario y puedan sanar lentamente.

En algún punto, la persona podría encontrar el valor para realmente compartir con el grupo (nivel cuatro de comunicación). Para este tipo de franqueza se requieren agallas. Los que se desnudan para compartir con transparencia delante de los demás deben saber que no serán defraudados. La respuesta del grupo estimulará para sanidad o rechazo.

La mayoría de las personas entiende sus problemas intelectualmente. ¿Por qué los comparten? Porque están buscando un oído que escucha, una oportunidad para ser escuchados.

En lugar de escuchar y simpatizar con la persona, ciertos líderes tienden a brincar en sus caballos bíblicos y herir a la persona con estocadas de lanza. ¡Después de todo, acaso Dios no es santo, y no odia el pecado! ¡Sí, pero nosotros no somos Dios! Recuerde la compasión que Él ha tenido hacia nosotros. Nosotros debemos hacer lo mismo.

Cuando alguien está enfrentando una crisis, no es el momento para decir: "Usted sólo tiene que confiar en el Señor. ¿No sabe usted que todas las cosas obran para bien, a los que aman Dios, a los que son llamados según Su propósito?" Este consejo, aunque sea 100 por ciento correcto, hará más daño que bien a una persona herida y afligida. Antes de recibir el consejo, la persona debe saber primero que el pueblo de Dios le ayudará a llevar su carga. Él o ella está anhelando un oído que escuche - no una rápida respuesta bíblica.

Creo que debe haber un momento silencioso de comprensión, cuando una carga es aceptada y compartido. Cuando los miembros simpatizan con la persona, luego habrá lugar para el consejo piadoso: "Juana, me puedo sentir identificada con sus miedos y dudas que surgen por el cáncer de su amiga. Cuando mi hermano tuvo cáncer del cerebro, yo sentía esos mismos miedos. Luché durante días, preguntándome por qué Dios lo permitió. Pero entonces Dios me mostró..." Las escamas de las heridas pasadas se caerán y la nueva criatura en Cristo aparecerá mientras el grupo celular ministra mientras escucha con simpatía."[15]

Líder celular, aconseje a su grupo que escuche, en lugar de responder rápidamente con respuestas instantáneas. Demuéstreles lo que usted quiere que ellos hagan por sus propias acciones. Las personas no seguirán lo que usted dice; seguirán lo que usted hace. Preparar una comunidad curativa puede tardar algún tiempo, pero bien vale la pena la espera.

¡Piénselo!
Escuchando y Dando Consejos

Cuando un miembro del grupo empieza a compartir sus cargas que él o ella necesitan que el grupo lleve, el grupo debe estar más listo para escuchar que cualquier otra cosa. (Sant. 1:19). A menudo la persona que comparte no quiere oír consejos sino simplemente un oído comprensivo.

- **Respuestas útiles después de escuchar:**
  Parafrasear en tus propias palabras. Afirmaciones breves que terminen en formas que abren la puerta para que el otro comparta más.

- **Respuestas perjudiciales después de escuchar:**
  Tranquilizándolos diciendo que su problema no es muy grande (esto implica que usted discrepa con su juicio que ellos tienen un problema, lo cual hace que dejen de hablar). Dándoles rápidamente un consejo (nosotros no conocemos la situación).

- **Cómo saber si otros quieren su oído o su consejo:**
  Observe su lenguaje corporal mientras usted comparte su consejo. Mantenga breves sus contestaciones, permitiéndoles escoger acerca de qué quieren hablar. ¿Continúan ellos descargando sus problemas, cambian el tema o siguen su consejo?

¡Hazlo!
La próxima vez que alguien comparta una necesidad, resista la tentación de ofrecer consejo inmediato. Primero muestre empatía y luego comparta las Escrituras basadas en cómo Dios lo ha ministrado (2 Corintios 1: 3-4).

La Esencia de Escuchar: Los Demás

Pablo aconsejó a la iglesia en Filipos: "Nada hagáis por rivalidad o por vanidad; antes bien, con humildad estimando cada uno a los demás como superiores a vosotros mismos. No busquéis vuestro propio provecho, sino el de los demás." (Filipenses 2:3-4). Luego agregó: "Espero en el Señor Jesús enviaros pronto a Timoteo, para que yo también esté de buen ánimo al tener noticias vuestras, porque no tengo a ningún otro que comparta mis sentimientos y que tan sinceramente se interese por vosotros, pues todos buscan sus propios intereses no los de Cristo Jesús" (Filipenses 2:19-21). Pablo se regocijó enviando a Timoteo a la iglesia porque él se concentraría verdaderamente en las necesidades de los presentes.

Esta cita anónima clarifica el trabajo del líder: "Los demás, Señor, sí, los demás, pueda este ser mi lema; ayúdame a vivir para los demás, así podré ser como tú."[15]

¡Memorícelo!
"Cada uno debe agradar al prójimo para su bien, con el fin de edificarlo"(Romanos 15:2, NVI).

¡Recuérdelo!

1. ¿Qué parte de esta lección tuvo el mayor impacto en usted? ¿Qué verdad se destacó en esta lección? _____

_____

_____

2. Puntos principals:
   - La respuesta del miembro toma prioridad sobre la suya.
   - Escuche lo que no se dice (gestos, etc.).
   - Pídale al grupo que den más contestaciones después que una persona ha compartido.
   - Limite los consejos dados por el grupo (más bien, practiquen el escuchar con simpatía).

¡Aplíquelo!

1. Practique para ser un oyente activo (escuchando realmente lo que la persona está diciendo).
2. Niéguese a contestar sus propias preguntas.
3. Escuche lo que dicen los miembros acerca de su liderazgo.

Notas de Capítulo

Notas de Capítulo

Capítulo Siete

Una Lengua Alentadora

No es por accidente que las palabras "comunidad," "comunión," y "comunicación" todas suenen parecidas. Estas palabras comparten raíces comunes de las palabras latinas para *con* y *uno*. Ellas involucran el estar *los unos con los* otros y estar *cada uno con el otro*. Es todo sobre la comunicación que lleva a la comunión. Los grupos pequeños permiten a los miembros fieles de la iglesia comunicar la Palabra de Dios y aplicarla a sus propias vidas, creciendo de este modo en comunidad con Dios y con los demás.

Los líderes de los grupos pequeños edifican con sus bocas, creando así una atmósfera de comunión. Su meta es el crecimiento, edificación, y en el proceso, la transformación de sus oidores.

Un buen amigo mío me dijo en cierta oportunidad: "He visto tantas reuniones que se han dirigido correctamente desde un punto de vista técnico, pero carecen de poder porque las personas no tienen ninguna relación entre sí." ¿Es posible saber todo sobre cómo escuchar, hacer preguntas, facilitar, compartir transparentemente y todavía fallar en el grupo celular? Creo que sí. La meta de la comunicación es la comunidad - no la perfección técnica.

Una Gran Comunicación Anima

Nunca olvidaré la reunión en la que el líder de la célula hacía una ligera crítica después de cada contestación. "Usted casi lo tiene," dijo Jaime. Otra persona daba otra respuesta y Jaime replicaba: "No, no es eso, pero se está acercando." El baile para encontrar la respuesta correcta continuaba. "Esto es como un examen de la escuela secundaria," yo pensaba para mis adentros. Cuando Jaime alcanzó las últimas preguntas, la participación se detuvo totalmente. Nadie quería arriesgarse para pasar vergüenza.

Usted siempre puede encontrar algo bueno en cada contestación. El hecho que el miembro se atrevió a hablar es positivo. Usted siempre puede encontrar algo bueno en cada contestación. El hecho que el miembro se atrevió a hablar es positivo.

Dele el crédito a la persona en cada oportunidad. Apoye al que comparte la idea, aun cuando sienta que no puede endosar la idea totalmente. Agradezca a la persona por el comentario, sin tener en cuenta si está bien o está equivocada. Aun cuando una respuesta no esté basada en las Escrituras (doctrina equivocada), agradezca a la persona por la contestación y lea el pasaje en las Escrituras que revela la verdad. O le podría decir: "Gracias por su contestación. Voy a estudiar este tema un poco más y la semana que viene me gustaría compartir lo que encuentro con usted."

El entrenador de básquetbol de UCLA Juan Wooden les dijo a los jugadores que anotaron que sonrieran, guiñaran o asintieran con la cabeza al jugador que les había pasado la pelota. "¿Y qué pasa si no está mirando?" le preguntó un miembro del equipo. Wooden contestó: "Yo les garantizo que mirará." Todos valoran el estímulo y lo buscan - sobre todo cuando el líder es uno que estimula en forma consistente.

¡Inténtelo!

Lee Efesios 4:29.
- ¿Qué tipo de palabras deberían salir de nuestra boca?

_____

_____

- ¿Cómo puedes aplicar este versículo en tu propia vida? ¿Cómo debes responder a los miembros del grupo durante la lección?

_____

_____

Tratando con el Hablador

El grupo celular ofrece un ambiente cálido en el que hay mucho espacio para un compartir abierto. Esto es sumamente positivo pero el peligro también acecha. Algunas personas son atraídas hacia los grupos pequeños para expresar sus opiniones, aunque pueden ser negativos y combativos.

Se aprovechan de la atmósfera cálida para descargarse en los demás, y encuentran el espacio para dar rienda suelta a su inseguridad. A estas personas les gustan oír sus propias voces. Piensan que sus propios conocimientos exceden tremendamente a los de cualquier otra persona. Nadie tiene la oportunidad de contribuir mientras ellos están hablando, y los miembros del grupo llegarán a resistir sus comentarios y conductas.

Tratar con habladores probablemente es el mayor desafío en las reuniones celulares. En repetidas ocasiones he dicho que los líderes de los grupos pequeños no deben dominar el grupo. Sin embargo, esto significa también que uno o dos miembros del grupo no deben dominarlo.

El líder de la célula es el portero - el protector de la grey y debe comprender que, si él le permite a una persona dominar la reunión, sufrirá la libertad de expresión de los miembros individuales.

Desde que empecé a dirigir el grupo celular que tengo actualmente, he tenido que tratar con por lo menos tres consagrados habladores. He tenido que luchar con cada uno y constantemente he tenido que sobreponerme a la situación. A menudo he vacilado entre dos emociones contrarias. Cuando he intentado usar más amor, me he sentido pisoteado. Sin embargo, cuando he tratado de controlar al hablador, me he sentido incómodo y carente de amor.

Aquí hay algunos pasos prácticos para superar este problema:

- Siéntese al lado del hablador para tener menos contacto visual con él. Los habladores no necesitan mucho estímulo. Ellos incluso podrían sentir que usted, el líder, está animando su conversación continuada por su contacto visual, por su asentimiento con la cabeza y porque le presta atención. Al sentarse al lado de esa persona, y evitar el contacto visual, indicará que usted no le está animando a hablar.

- Pídale a otras personas que den sus opiniones. Cuando usted llama a una persona por su nombre, usted está diciendo a los demás: "Esperen su turno." Por ejemplo, Jaime ha estado dominando la conversación contestando las últimas dos preguntas durante el tiempo de la lección. Para la siguiente pregunta, pídale a Judy que dé la respuesta. Cuando ella termine, dígale a Marcos que comparta algo más. Cuando llama a las personas por sus nombres usted está asumiendo su responsabilidad como líder y está dirigiendo la conversación del grupo.
- Oriente la conversación en otra dirección lejos del hablador, en cuanto él o ella hagan una pausa. Sí, es cierto; ésta es una medida más drástica. Cuando comparto esta táctica en un seminario celular, la multitud se ríe a carcajadas. Ellos simplemente se imaginan al líder de la célula esperando que el hablador pare para tomar un respiro profundo (preparándose para compartir otra homilía de la Biblia) para darle una oportunidad a otra persona. Aunque esto cause risa, nos muestra algo muy serio - una persona que domina la discusión del grupo. Los líderes deben proteger al grupo celular de este tipo de control.
- Hable directamente con la persona. A menudo, los habladores simplemente no entienden el propósito de un grupo pequeño. Ellos piensan sinceramente que los demás necesitan sus constantes contribuciones y su sabiduría espiritual. Nunca se han dado cuenta que el propósito del grupo pequeño es permitir que todos puedan participar y compartir. Hablando directamente con la persona, antes o después de la reunión del grupo celular a menudo resuelve el problema. Cristo nos enseñó el plan del Padre de ir personalmente a la persona cuando dijo: "Si tu hermano peca contra ti, ve y repréndelo estando tú y él solos; si te oye, has ganado a tu hermano" (Mateo 18:15). Cuando vaya personalmente al hablador, explíquele la importancia de la participación en el grupo.
- Si el problema persiste, hable directamente con la persona encima de usted (por ej., supervisor, pastor de zona, o líder G-12, etc.). Probablemente ese líder tiene más experiencia tratando con este tipo de cosas y puede ofrecer valiosa información para resolver el conflicto.

- Pídale a la persona que le ayude a hacer que la reunión sea más participativa. Di un seminario celular en New Jersey y después un líder celular exitoso se me acercó y me dijo: "He hallado una manera maravillosa de tratar con el hablador que interviene constantemente." Luego siguió diciendo: "Pídale al hablador que le ayude a hacer hablar a los demás." Este consejo tiene mucho sentido. Cuando el hablador entiende la razón más grande para el grupo celular e incluso cómo participar para cumplir esta meta, es probable que la persona cambie.
- Clarifique la regla que a nadie se le permite hablar por segunda vez hasta que todos hayan tenido una oportunidad para hablar la primera vez. Dicha exhortación funciona mejor en un grupo maduro. Si usted tiene muchas personas que no son creyentes en su grupo, tendrá que usar su discernimiento. Explique que el propósito de esta regla es liberar a los que no hablan para que participen más. También hará que recuerden los habladores una manera clara y concreta de permanecer callados hasta que los demás hayan compartido.

¡Inténtelo!
- ¿Cuál de las sugerencias para silenciar al hablador te gusta más?

_____

_____

- ¿Por qué?

_____

_____

Manteniendo las Líneas de Comunicación Abiertas

El Apóstol Pablo enfrentó el conflicto en las iglesias que él había comenzado. Él exhortó a dos personas en la iglesia en Filipos a hacer las paces entre sí: "Ruego a Evodia y a Síntique que sean de un mismo sentir en el Señor" (Fil. 4:2). Por la razón que fuere, ellas estaban causando disensión en la iglesia en la casa en Filipos. Matthew Henry señala lo siguiente:

> Hay veces cuando existe la necesidad de aplicar los preceptos generales del evangelio a ciertas personas y casos en particular. Evodia y Síntique, parece, tenían discrepancias, ya sea una con la otra o con la iglesia; ya sea sobre un asunto civil (pueden haber estado comprometidas en un pleito) o en un asunto religioso – o podrían haber tenido diferentes opiniones y sentimientos.[16]

La mayoría de nosotros vivimos según el dicho: "Evite los conflictos a toda costa." Pero siempre habrá conflictos y discrepancias no importa lo que usted haga o cuán bien lo haga. Un proverbio chino dice: "El diamante no puede ser pulido sin fricción, ni el hombre perfeccionado sin las pruebas."

Imagínese un grupo celular con una señal en la puerta de adelante que diga: "¡Habrá Conflicto y es Bienvenido!" La mayoría de nosotros tendría pánico al ver ese cartel, pero en realidad, un grupo celular muy a menudo es más como un hospital que un 'country' club.

¡Piénselo!

¿Por qué existen los conflictos en los grupos pequeños?

- Todas las personas llegan con diferentes expectativas de lo que pasará o no pasará en el grupo pequeño. Alguien podría esperar más estudio bíblico con profundidad, adoración celestial, guerra espiritual, consejería analítica, una sesión para un creyente carismático, o una campaña evangelística. Cuando no se satisfacen las expectativas individuales, hay conflictos.
- Ciertas personalidades no se llevan bien. Simplemente porque una persona es cristiana no quiere decir que él o ella se llevará bien con los otros creyentes.
- Las personas en el grupo participan de maneras diferentes. Los miembros callados y los dominantes de un grupo participan de maneras tan diferentes que el conflicto puede surgir.
- Algunos miembros de la célula podrían no estar de acuerdo con el estilo de liderazgo del que guía el grupo. Quizás ellos son más dominantes, decididos, o democráticos, y tienden a juzgar a los líderes que dirigen de un modo diferente.

El conflicto puede llevar a que haya mejores condiciones y crecimiento. Puede revelar las ideas y los valores ocultos del grupo que necesitan ser examinados. Cuando las personas en el grupo saben que pueden expresar sentimientos positivos y negativos, su experiencia de grupo será genuina. Los nuevos niveles de comprensión fluirán cuando el grupo se deshaga de sus discrepancias. Fisher y Ellis hacen esta paráfrasis: "El grupo que se pelea junto se queda junto."[17]

¿Cuál es la mejor manera de tratar con las personas en conflicto?

Primero, reconozca el problema. Escondiéndolo debajo de un arbusto sólo aumentará la duda entre los miembros. Todos sabemos que está allí, así que, ¿por qué esconderlo? Usted podría decir a un miembro enfadado: "Me doy cuenta de que usted está disgustado. Tenemos que hablar sobre nuestras diferencias." El conflicto no puede ser arreglado hasta tanto no se reconozca y se trate abiertamente. Un ejemplo de unas palabras para comenzar podría ser:

> Me parece que ustedes dos se están sintiendo mal por sus diferencias con respecto a este problema. Yo los escucho a los dos, que declaran sus posiciones con una apasionada convicción, pero no estoy seguro que realmente se estén escuchando el uno al otro, porque no los veo detenerse para parafrasear ni reconocer lo que tienen en común. Les quiero sugerir que podamos retroceder por un momento para aclarar en qué están de acuerdo y en qué están en desacuerdo. ¿Estarían dispuestos a hacer esto?[18]

Segundo, ore. Usted no resolverá el conflicto sin dedicarse a la oración. Usted necesita orar por sabiduría y discernimiento.

Tercero, hable en privado con cada parte ofendida. Si ambas mujeres deciden quedarse en el grupo (y eso a la larga es poco probable), usted no puede permitir que sus discusiones polaricen el grupo o creen una atmósfera incómoda. Usted necesita hablar por separado con cada una de ellas y ser muy claro sobre las reglas básicas. Si la disputa permanente continúa, trátelas como personas impenitentes que continúan en pecado.

Si el problema es entre usted y otra persona en el grupo, es mejor encarar a la persona individualmente, usando el modelo del Señor:

"Si tu hermano peca contra ti, ve y repréndelo estando tú y él solos; si te oye, has ganado a tu hermano" (Mateo 18:15). Como líder, si usted nota que hay conflicto entre dos miembros, anímelos a hablar en privado. Los conflictos sin resolver son obligaciones. Hay pocas cosas que minan un grupo más rápidamente que cuando varios miembros se frustran entre sí.

En cuarto lugar, consiga que las personas se escuchen. El estudio de la comunicación ha encontrado repetidamente una tendencia entre las partes en conflicto de torcer u omitir información durante el tiempo de una acalorada discusión. Usted puede ayudar a resolver esto pidiéndoles que se comprometan a escuchar activamente y con simpatía por las experiencias singulares y la situación de la otra persona. Ayúdeles a criticar las ideas, no a las personas. Logre entender todos los puntos de vista. Trate con todas las emociones y los sentimientos.

En quinto lugar, incluya sólo a los que están directamente afectados. Algunas discordancias no necesitan ser reveladas al resto del grupo; trate el asunto "off-line" (no conectado, como en el caso de la computadora) con la persona o las personas involucradas. Es cierto que a veces todo el grupo debe estar involucrado para resolver el problema. Pero trate de mantenerlo bajo control y concentrado en su solución, únicamente con las personas que necesitan ser restauradas en su relación.

¡Inténtelo!

Lee Mateo 18: 15-17

- ¿Qué nos dice este pasaje que hagamos cuando alguien nos ofende?

_____

- ¿Cuál es tu respuesta normal cuando alguien te ofende?

_____

- ¿Cómo puedes mejorar en esta área?

_____

Comunicación Sin Barreras

No tome la diferencia de opinión en el grupo como un ataque hacia su liderazgo o personalidad. Quite la idea de su mente. Aceptando la opinión diferente usted mejorará su propia comprensión. Cuando los demás en el grupo tengan opiniones encontradas, el líder debe ver esto como una franca oportunidad para entender otro punto de vista, no como una amenaza a su autoridad. Use puntos de vista diferentes para extenderse sobre el tema. Aprovéchese de otras perspectivas para incrementar el diálogo y sea agradecido por la intervención de las personas.

He quedado impresionado de la manera cómo mi buen amigo René Naranjo abraza las diferentes opiniones en su grupo. Él sabe que los que no son creyentes necesitan cierto espacio antes de venir a Jesús. Ellos necesitan sentirse aceptados, incluso cuando su punto de vista sea contrario. Por medio de un amor y aceptación incondicionales, él ha visto docenas de no cristianos que lentamente aceptan a Jesús. Los incrédulos en su grupo a menudo se derriten por el amor de Jesús mientras continúan asistiendo a las reuniones.

Recuerde que la comunicación eficaz lleva a la comunión. Mientras su grupo pequeño aprende a comunicarse más eficazmente - a pesar de los conflictos - usted crecerá en la comunión con Dios y con los demás.

¡Piénselo!

Tres Maneras Correctas de Responder a una Respuesta Equivocada:
- Atribúyase la culpa por la mala comunicación: "Pienso que esa pregunta no era muy clara – lo que realmente estoy preguntando es. . .
- Dé un ejemplo: Aquí hay una ilustración de lo que yo quiero decir. . .
- Permita que otros en el grupo den las respuestas correctas: "Esteee. ¿Qué piensan los demás?"

Pautas de la Comunicación que Construyen la Comunidad

El escritor de Hebreos dice: "Y considerémonos unos a otros para estimularnos al amor y a las buenas obras, no dejando de congregarnos, como algunos tienen por costumbre, sino exhortándonos; y tanto más, cuanto veis que aquel día se acerca"

(Hebreos 10:24-25). Algunas de las maneras mejores para estimular a otros al amor y a las buenas obras son las siguientes:

- Comience a mostrar que a usted le importan y quiere a las personas desde el momento que alguien entre por la puerta. Una sonrisa o un abrazo es lo mejor. Cuando visité el grupo celular de Tony, llegué antes que los demás. Tony me abrió la puerta, me dio un gran abrazo, me ofreció un refresco, y delicadamente se excusó por unos momentos. Yo me sentía bienvenido. Tony podría haber mirado su reloj, haberme dado una mirada de preocupación, y haberme señalado un lugar para sentarme mientras él atendía a sus responsabilidades. En cambio, él me hizo sentir bienvenido. Él demostró un cuidado genuino y preocupación.
- Responda con entusiasmo a las personas a lo largo de la reunión (por ej., la lección, la adoración, la oración, el rompehielos, y el tiempo para compartir la visión). Recuerde que el entusiasmo no es algo reservado solamente para las personas con personalidades que rebosan felicidad. Es posible tener una personalidad melancólica y demostrar entusiasmo.
- Ore por los miembros de su célula durante la semana (si es posible, hágalo diariamente) y luego dígales que usted ha estado orando por ellos. Ellos necesitan oír esto con frecuencia. Las personas se sienten protegidas y amadas cuando saben que el líder de su célula ha estado orando por ellos.
- Pregúnteles por sus vidas personales. Generalmente el mejor momento para hacer esto es inmediatamente antes o después de la reunión. Pregúnteles por su familia, trabajo, sueños y visiones. El domingo, cuando usted los ve en la iglesia, propóngase saludarlos y quererlos. Sin saberlo incluso, usted está cumpliendo el papel de un pastor que cuida de sus ovejas.
- Sea consciente de cualquier necesidad física y busque de satisfacerla. Mi esposa y yo probablemente éramos los únicos en nuestra iglesia que conocíamos a Pablo y a Elizabeth que estaban sufriendo físicamente. Durante el tiempo de oración en nuestro grupo celular, ellos compartieron sus necesidades personales, y nos enfrentamos cara a cara con su desesperada condición.

Nos sentimos guiados por Dios a ayudarlos económicamente, consolidando además nuestra relación con ellos.
- Comparta experiencias de su propia vida con ellos. Me agradan las computadoras y toda actividad que tenga algo que ver con ellas. Un día llevé a mi oficina en casa a uno de los miembros de mi célula (con quien tuve el privilegio de orar para que recibiera a Jesús) después de una reunión de la célula una noche. Yo le mostré cómo hacer una página en la red e incluso se apuntó para tener un sitio propio. Esto ayudó para establecer rápidamente una amistad entre nosotros. Nos catapultó en una nueva dimensión de compartir. Ahora, no sólo estábamos hablando sobre "cosas espirituales" en el grupo celular, si no que estábamos compartiendo nuestros intereses, nuestros 'hobbys' entre nosotros. El líder de una célula escribió: "Una señora en nuestra célula había sido operada recientemente de la espalda y se estaba recuperando en el hospital. Después de llamarla, decidimos ir a visitarla en lugar de tener nuestra reunión regular en casa."[19] Este grupo tenía claro cuál era su prioridad: la comunidad primero.
- Póngase en contacto con ellos fuera del grupo celular. Me refiero con esto a una llamada telefónica, una nota de aprecio, una taza de café juntos, o una visita formal. Sus esfuerzos para llegar a conocer a los miembros de su célula fuera del grupo le pagarán ricos dividendos después. Usted construirá lealtad entre usted y la persona.

¡Piénselo!
¿Qué le alienta más?
- un acto de servicio que le hace sentir especial.
- un regalo.
- palabras de aliento.
- afecto manifestado en maneras físicas y tangibles.
- pasar tiempo con alguien.
- Otro.

¡Hazlo!
Piense en un estímulo específico para alguien en el grupo y luego hágalo.

¡Memorícelo!
"Preocupémonos los unos por los otros, a fin de estimularnos al amor y a las buenas obras" (Hebreos 10:24, NVI)

¡Recuérdelo!
1. ¿Qué parte de esta lección tuvo el mayor impacto en usted? ¿Qué verdad se destacó en esta lección?

_____

_____

_____

2. Puntos principales:
- Una gran comunicación anima a otros a participar.
- No permita que ciertas personas dominen la reunión. Aprenda cómo tratar con los que hablan demasiado.
- El conflicto es normal y natural en un grupo pequeño. Aprenda a tratar con él.

¡Apliquelo!
1. Haga que cada miembro del grupo tome un turno para decir tres cosas alentadoras sobre los otros miembros del grupo.
2. Lea Mateo 18: 15-17 y explique la importancia de hablar directamente con las personas cuando te ofenden en lugar de chismear.

Notas de Capítulo

Notas de Capítulo

Capítulo Ocho

Ojos que Ven los Detalles

En cierta oportunidad escuché a un profesor que compartió un sabio consejo con un grupo de predicadores: "El domingo por la mañana, *antes* de ascender al púlpito santo para predicar la inerrante Palabra de Dios ante una congregación esperando y con hambre de las cosas de Dios, tome un momento para asegurarse que la cremallera de sus pantalones no está baja." Él sabía que el punto principal se perdería si los detalles no eran atendidos.

Tome un momento para ver los detalles. Los ojos de los líderes celulares eficaces se pasean alrededor de la sala para asegurarse que las hojas de los cancioneros han sido distribuidas, el teléfono está descolgado y las sillas están colocadas en un círculo.

Los detalles son importantes. Son importantes para Dios y son importantes para las personas que asisten. Imagine los detalles increíbles del templo del Antiguo Testamento. Dios le pidió a Moisés que siguiera Su plan con precisión, hasta los más mínimos detalles.

Atmúsfera del Hogar

Nosotros nos acostumbramos a los olores en nuestras casas, pero las visitas los sienten inmediatamente. Las mascotas, las cosas que los niños vuelcan en los lugares más insólitos, perfumes penetrantes, la cena e incluso los desodorantes ambientales, pueden ser irritantes. Usted sabe todo acerca de su casa. Le gusta su olor. Pero quizás otras personas no sientan tanto entusiasmo. Piense en las narices de ellos.

Si usted tiene bebés, asegúrese de tirar los pañales sucios antes de comenzar la reunión o ponga la canasta con la ropa en el cuarto del lavado. Dios quiere que seamos uno en Cristo, pero no ponga a prueba la unidad de los miembros de la célula intencionalmente permitiendo que ciertos olores extraños inunden la sala.

Asegúrese de limpiar el baño para las visitas antes del comienzo de la reunión del grupo celular. ¿Hay papel higiénico, jabón o toalla?

¡Inténtelo!

Lea Marcos 10: 43-45
- ¿Cuál es el punto principal de estos versículos?

_____

_____

- ¿Cómo puede aplicar el principio de servicio en la preparación de la casa para la célula?

_____

_____

La Temperatura y Iluminación

La temperatura en la casa aumenta en la medida en que aumenta la cantidad de personas en la sala. Los miembros se pueden agitar y sentirse incómodas por la falta de aire nuevo y fresco. Si la gente debe ponerse chaquetas pesadas en su casa, aunque haya un calor de verano, es posible que usted necesita ajustar la temperatura del aire acondicionado. Lo más importante es que usted sea sensible a las necesidades de los que están en la sala.

Un experto aconsejó que 67° F (20° C) es una temperatura ideal para los grupos en los hogares.[20] El sentido común posiblemente sea un mejor medidor de la temperatura.

Debe haber suficiente luz como para que todos puedan leer, pero lo suficientemente tenue como para que se sientan cómodos. Si es demasiado oscuro, las personas tendrán dificultades para seguir las hojas del cancionero, la lectura de la Biblia y otros folletos. Usted puede pensar que esto no es importante, pero los detalles sí importan. Son los pequeños detalles que a menudo hacen la diferencia.

Ubicación de las Sillas

Coloque las sillas de las personas para que cada uno pueda ver a todos los demás en el grupo. Un círculo es la mejor opción. Como líder, coloque su silla de modo que esté en el mismo nivel que las de los demás en el grupo – no en una punta, tampoco atrás. Si la casa es grande, es mejor ubicar las sillas en un círculo más pequeño, ocupando sólo una parte de la sala.

Simplemente recuerde que las salas grandes pueden ser excelentes para los grupos grandes, pero matan la discusión en los grupos pequeños. Cuando las personas están lejos los unos de los otros (como es el caso en las casas grandes), es más difícil compartir pensamientos y sentimientos abiertamente.

Algunas personas se sienten más intimidadas con respecto a abrir sus casas porque ellas no son tan grandes o lujosas como las de otros miembros de la iglesia. No escuche este argumento.[21] Realmente, un apartamento pequeño o casa genera el sentimiento de intimidad y recuerda al grupo que, cuando hay de ocho a doce personas, ya es tiempo de prepararse para comenzar un grupo nuevo.

> ### ¡Piénselo!
> La mayoría de las iglesias en las casas durante el primer siglo eran pequeñas. Algunos eruditos estiman que en las casas donde se reunía la iglesia primitiva podrían haber cabido entre seis y quince personas. De hecho, la mayoría de las iglesias en casas se reunían en apartamentos. Wayne Meeks, experto en las condiciones urbanas de la iglesia primitiva, escribe: "En Roma, la mayoría de las personas vivían en pequeños apartamentos llamados *insulae*, en condiciones deficientes y con una alta tarifa de alquiler."[22]

Materiales

Provea materiales para todos. Ellos se lo agradecerán. He asistido a unos grupos pequeños donde sólo había unas pocas hojas del cancionero. Yo compartí la hoja del cancionero con la persona a mi lado a quien yo no conocía. Me encontré concentrándome más en mantener la hoja firme que en la adoración al Señor. Gaste el dinero que sea necesario y asegúrese que todos tengan su propia copia.

Nunca he tenido la costumbre de entregar las lecciones a todos los miembros. Yo los invito simplemente a seguir la lectura de la Biblia y luego les hago preguntas relevantes que se aplican al texto de las Escrituras (aunque es una buena idea tener copias adicionales de la Biblia para los que no han traído).

Refrigerio

El tiempo del refrigerio no es algo añadido al ministerio de los grupos pequeños. Es una parte vital de él. El tiempo del refrigerio es a menudo el mejor momento para hacer preguntas personales, entrar en una comunión más profunda, o incluso para recoger la cosecha.

Mencioné que algunos grupos celulares proporcionan papas fritas y jugos durante el tiempo del rompehielos y *también* después de la oración final. Si usted puede hacer esto, tanto mejor. Si tiene que elegir por una entre ambas posibilidades, sirva los refrescos después.

Después de la reunión, a veces servimos a las personas mientras todavía están sentadas. La mayoría de las veces, estamos de pie alrededor de la mesa del comedor. Esto da mayor libertad para que las personas puedan desplazarse, hablar con libertad y conversar individualmente. En raras ocasiones, nos sentamos como un grupo alrededor de la mesa en el comedor.

El tiempo del refrigerio generalmente demora aproximadamente 15 minutos. Después, las personas se retiran según su propia iniciativa. Si el líder de la célula es abierto, las personas querrán quedar por más de una hora. Si el líder de la célula necesita acortar el tiempo, las personas lo sabrán.

Personalmente, creo que una hora de hablar y compartir es suficiente. Nuestro grupo *generalmente* pasa media hora de compañerismo después de la reunión del grupo celular. Mi célula empieza a las 19:30 horas y termina a las 21 horas, y las personas generalmente se retiran aproximadamente a las 21:30 horas (hay excepciones, por supuesto, a cualquier regla). Dependiendo de su personalidad, usted puede desear más o menos tiempo después.

Los líderes celulares sensibles se aprovechan de este tiempo para hacer contactos personales, saludar a las visitas, y para confirmar decisiones anteriores. Sea proactivo durante este tiempo. No espere que las personas vengan a usted. Vaya a ellos.

> **¡Piénselo!**
> - No permita que el refrigerio llegue a ser una carga - o peor aún, una cuestión de competencia. Si usted tiene problemas económicos y necesita que le ayuden con esto, por supuesto, solicite la contribución de los otros miembros del grupo.
> - Cuando David Cho recién comenzaba con las células en su iglesia, él notó que había competencia entre los miembros de la célula para mejorar lo que había sido el refrigerio de la semana anterior. Finalmente el Pastor Cho tuvo que imponer una regla que para este tiempo sólo habría un postre sencillo y económico.

Los Niños en la Célula

Yo dudo aún de hablar sobre esto como un detalle del ministerio celular. Realmente, se podrían escribir libros enteros sobre los grupos celulares de niños, y de hecho existen algunos libros excelentes sobre este tema, y de hecho he escrito un libro sobre los niños en células.[23] Daphne Kirk dice: "¡Los niños en su célula necesitan discipulado por las mismas razones que un adulto! Cada niño es único, un individuo profundamente precioso a los ojos de Dios y de sus padres. Para que esa individualidad sea reconocida temprano en la vida, necesitan de alguien que sepa dónde están en su relación con Jesús y los problemas que ellos enfrentan."[24]

Las edades de los niños hacen un mundo de diferencia. Si los niños tienen seis años o menos, necesitarán más actividades, tales como cantos, juegos, ayudas visuales o vídeos. Los niños en este grupo, obviamente, no se beneficiarán tanto de un grupo de adultos. Por esta razón algunos grupos celulares ofrecen la opción de proporcionar cuidado infantil a precios razonables (algunas iglesias ofrecen este cuidado de los niños gratuitamente durante el tiempo de la célula).

Yo prefiero que los niños empiecen a experimentar la vida de la célula a una temprana edad. A continuación, encontrarán algunas sugerencias prácticas para que funcione:

• Permita que los niños se queden en la célula de los adultos durante el rompehielos y el tiempo de adoración. Durante el tiempo de la Palabra, los niños pueden salir de la célula de los adultos y pueden recibir una lección bíblica personalizada dirigida por uno de los miembros de la célula (si es necesario, los miembros pueden turnarse para este tiempo de enseñanza). También se podría mostrar un vídeo cristiano en este tiempo.

• Cuando el grupo tiene cuatro niños o más de forma consistente, ore para que Dios abra el camino para que un adulto o un adolescente pueda dirigir el grupo celular de los niños. Este podría ser alguno de su propio grupo celular de los adultos, o de su iglesia. Los niños se pueden reunir entonces con su líder celular en un cuarto diferente de la misma casa durante todo el tiempo de la reunión celular (o por lo menos para la parte de la lección). Éste es un grupo celular normal y permanente de niños que promueve un orden celular similar - rompehielos, adoración, la lección, oración y evangelización. La iglesia debe proporcionar el material para el líder de la célula de los niños y todo el apoyo necesario.

• Otra opción es tener grupos pequeños para los niños en diferentes barrios de la ciudad. Este grupo pequeño sería dirigido por adultos. Estas células durante las horas de la tarde son muy parecidos a los grupos pequeños del Compañerismo para la Evangelización del Niño.

> **¡Inténtelo!**
>
> Lee Mateo 19: 14-15
> - ¿Qué dice Jesús acerca de los niños en estos versículos?
>
> _____
>
> _____
>
> _____
>
> - ¿Cómo puedes aplicar estos versículos a tu pequeño grupo?
>
> _____
>
> _____
>
> _____

Las Distracciones

Cuídese de las distracciones. Descuelgue el teléfono o póngalo de tal modo que no suene, y baje totalmente el volumen de su contestador telefónico. Ponga sus mascotas en otra habitación o afuera. Apague la TV, las radios y computadoras durante la reunión. Sí, nuestras vidas están ocupadas todo el tiempo, pero durante una hora y media que dura la reunión del grupo celular, usted debe concentrarse en la célula cien por ciento. No conteste el teléfono.

Mi esposa y yo hemos hecho un trato para dejar que el teléfono siga sonando aun cuando es un miembro de la célula para decir que va a llegar tarde. ¿Importa realmente si la célula ya ha comenzado? Que la persona simplemente llegue cuando pueda. Usted necesita concentrarse en los que están allí.[25]

¿Y qué sucede cuando sus propios hijos – que debían estar durmiendo – comienzan a llorar durante la reunión del grupo celular? Asegúrese que usted y su esposa tengan una estrategia para cuidarlos. ¿Quién de ustedes saldrá durante la reunión cuando alguno de ellos empieza a llorar? Asegúrese que uno de ustedes se ocupe de esta tarea.

> **¡Piénselo!**
> *Lista para Evitar las Distracciones*
>
> - ¿Está descolgado el teléfono?
> - ¿La temperatura es aproximadamente de 20° C (67° F)?
> - ¿Las sillas están colocadas en un círculo?
> - ¿Hay suficientes asientos?
> - ¿Hay suficiente luz en la sala?
> - ¿Hay suficientes cancioneros para todos? ¿Biblias?
> - ¿Está preparado el refrigerio?

Tiempo para Empezar

Una frustración común entre los líderes de los grupos pequeños es conseguir que los grupos comiencen en hora. No es raro esperar cinco o diez minutos más allá de la hora de empezar mientras se espera que lleguen los miembros de la célula.

El líder debe tomar una decisión. ¿El grupo empezará en hora o esperará hasta que lleguen todos los miembros? Dos pasos simples pueden ayudar a los líderes a resolver este viejo problema.[26]

Concuerde con las expectativas. Pregunte al grupo lo que ellos piensan con respecto a empezar en hora. Éste es el tiempo ideal para que el grupo establezca expectativas claras acerca de la hora de comenzar, y la importancia (o insignificancia) de que los miembros del grupo lleguen en hora. Probablemente los miembros del grupo estarán de acuerdo que es importante llegar en hora. Lo más crítico es que los miembros del grupo se pongan de acuerdo. Recuerde también que usted puede repasar este compromiso a medida que se vayan sumando personas nuevas.

Empiece en hora. Quizás parezca obvio que el líder deba empezar la reunión en hora cuando lucha en contra del retraso crónico. Sin embargo, como se ha mencionado antes, muchos líderes no empiezan en hora porque están esperando que lleguen todos los participantes.

Demorar el comienzo de la reunión de la célula puede significar varias cosas para los miembros:

- "Esta reunión realmente no empieza a las 18 y 30; empieza a las 18 y 45."
- "Está bien si llego tarde; ellos no empezarán sin mí, de todas maneras."
- "Los primeros 15 minutos de nuestra reunión no son importantes."

Si el líder de un grupo pequeño empieza en hora sin tomar en cuenta a los rezagados, les está enviando el mensaje que todas las partes de la reunión son importantes. El líder también está haciendo un sabio uso del tiempo limitado que tiene disponible para la reunión. Finalmente, si el líder de un grupo pequeño suele empezar en hora, la gente llegará en hora. Por el otro lado, si un líder no empieza en hora, los miembros llegarán cada vez más tarde.

¡Inténtelo!

Lee 1 Timoteo 4:12
- ¿Qué consejo da Pablo a Timoteo en estos versículos?

_____

_____

- ¿Cómo puede aplicar "ser un ejemplo" para comenzar el grupo a tiempo?

_____

_____

Tiempo para Concluir

Yo no creo que la reunión de un pequeño grupo deba durar más de una hora y media. Me gusta decirles a los líderes celulares: *Si usted no llega al petróleo en una hora y media, deje de perforar.* David Cho, el pastor titular de la Iglesia del Pleno Evangelio Yoido, recomienda que una reunión celular no dure más que una hora.

Los miembros de la célula tienen numerosas responsabilidades, que incluyen ir a trabajar, pasar tiempo con la familia y numerosos quehaceres. El miembro de una célula podría pensarlo dos veces con respecto a su asistencia a la reunión de la siguiente semana si la reunión es demasiado larga.

> **¡Inténtelo!**
> - Formalmente Termine la Célula en Hora
> - ¡Píngase de pie, túmense las manos formando un cérculo, y guñe en oración para terminar en hora – aunque no haya terminado todavśa! No desgaste su bienvenida, sobre todo entre los que tienen niños y necesitan el tiempo para prepararse para el próximo día. La reuniún celular semanal es sélo una parte pequeña de la vida de la célula. ¡El equilibrio debe mantenerse en las casas y con otras personas, toda la semana!

La Bendición de Dios sobre su Casa

Con todos estos detalles, usted podría dudar de ser el anfitrión para un grupo celular. Antes de decir que no, considere la bendición de Dios sobre su casa.

Cuando alguien abre su casa para un grupo celular, el Espíritu de Dios es invitado a reinar en esa casa. Dios ciertamente honrará su paso de fe y bendecirá abundantemente su casa y todo lo que usted tiene. Él lo hizo con Obed.

En 2 Samuel 6:10-12, leemos cómo Dios bendijo la casa de Obed-Edom por la presencia del arca del Dios:

> De modo que David no quiso llevar a su casa, a la ciudad de David, el Arca de Jehová, sino que la hizo llevar a casa de Obed-edom, el geteo. Y estuvo el Arca de Jehová en

casa de Obed-edom, el geteo, tres meses; y bendijo Jehová a Obed-edom y a toda su casa. Cuando se le avisó al rey David: "Jehová ha bendecido la casa de Obed-edom y todo lo que tiene a causa del Arca de Dios", fue David y trasladó con alegría el Arca de Dios de la casa de Obed-edom a la ciudad de David.

Por abrir su casa para un grupo celular Dios no está obligado a bendecir su casa. Sin embargo, por medio de la adoración, las oraciones y el estudio de las Escrituras, usted estará invitando al Dios vivo a bendecirlo a usted y a su casa.

¡Hazlo!
Elabore un acuerdo o convenio sobre cuándo comenzar el grupo, qué refrigerios traer y cuándo cerrar el grupo.

¡Memorícelo!
"Así como el Hijo del hombre no vino para que le sirvan, sino para servir y para dar su *vida en rescate por muchos" (Mateo 20:28, NVI).

¡Recuérdelo!
1. ¿Qué parte de esta lección tuvo el mayor impacto en usted? ¿Qué verdad se destacó en esta lección?
2. Puntos principales:
   - La atmósfera de la casa juega un papel importante para atraer y mantener los miembros de la célula.
   - Impida las distracciones preparándose para cuando surjan.
   - Los niños son una parte esencial del grupo celular y deben ser ministrados.

¡Aplíquelo!
1. Coloque las sillas en un círculo.
2. Asegúrese que haya suficiente luz en la sala.
3. Proporcione cancioneros para todos en el grupo.
4. Empiece en hora y termine en hora.

Notas de Capítulo

Notas de Capítulo

Notas de Capítulo

Notas

[1] Al aumentar el tamaño del pequeño grupo, hay una disminución directa de la participación igualitaria entre los participantes. En otras palabras, la diferencia en la proporción de los comentarios entre la persona más activa y la persona menos activa se vuelve cada vez mayor al aumentar el tamaño del grupo. [Juan K. Brilhart, Diálogos en Grupo Eficaces, (Effective Group Discussion) 4ª ed (Dubuque, Iowa,: Wm. C. Brown Company Publishers, 1982), 59].

[2] Touch Publications vende un libro dedicado completamente a los rompehielos (teléfono N° 1-800-735-5865 en EE.UU. o vayan a www.touchusa.org). NavPress vende un libro excelente que se llama 'Las 101 Mejores Ideas para los Grupos Pequeños' (Colorado Springs, CO,: NavPress Publishing Group, 1996; http://www.navpress.com/. La Biblia Serendipity para los Grupos tiene muchas preguntas excelentes para los rompehielos: http://www.serendipityhouse.com/pages/home.html

[3] Estos puntos fueron tomados de un artículo por Dan Smith y Steven Reames titulado: "Dirigiendo la Adoración en los Grupos Pequeños," Dinámicas de los Grupos Pequeños (Red de los Grupos Pequeños, setiembre de 1999).

[4] Este grupo pequeño tuvo lugar en Liberia, Africa Oriental, durante un viaje de misión a corto plazo en 1982.

[5] Por cierto, no todos los grupos celulares enfocan la participación como yo la estoy promoviendo en este libro. Los líderes celulares en la Iglesia del Pleno Evangelio Yoido enseñan la lección de la célula. Ellos no se consideran tanto facilitadores sino más bien predicadores y maestros. Yo no equipararía estos grupos celulares como "estudios bíblicos" porque estos grupos celulares enfocan tanto en los que no son creyentes como en los creyentes. Los grupos celulares en otras iglesias celulares promueven la participación. Ralph Neighbour, por ejemplo, ha hecho más que cualquier otro que yo conozca para promover la participación del grupo en los grupos celulares. Los grupos celulares en la Iglesia Bautista Comunidad de Fe en Singapur, la iglesia que Ralph Neighbour ayudó a establecer, es 100% participativa. Aun antes de que yo asimilara la filosofía de la iglesia celular, yo promovía la participación del grupo de todo corazón y el líder celular como facilitador en lugar de ser un maestro de la Biblia.

[6] David Hocking, *Las Siete Leyes del Liderazgo Cristiano* (Ventura, CA,: Regal Books, 1991), 63.

[7] Ralph Neighbour, hijo, "Preguntas y Respuestas," *Revista de la Iglesia Celular*, Vol 2., No. 4, 1993, 2.

[8] Shirley Peddy, *El Arte de Ser Mentor: Dirigir, Seguir, y Salir del Camino* (Houston, TX,: Bullion Books, 1998), 46.

[9] Howard Snyder, *El Wesley Radical y los Modelos para la Renovación de la Iglesia*

(Downers Grove, IL,: InterVarsity Press, 1980), 55.

[10] Judy Hamlin, *Curso de Entrenamiento para los Líderes del Grupo Pequeño* (Colorado Springs, CO,: NavPress, 1990), 54-57.

[11] Stephen Covey, 'Los 7 Hábitos de las Personas Muy Eficaces', (Nueva York,: Simon y Schuster, 1989, 239).

[12] Michael Mack, "Kinesics," *La Dinámica de los Grupos Pequeños* (Red de los Grupos Pequeños. [n.d.]).

[13] Judy Hamlin, *Curso de Entrenamiento para el Líder del Grupo Pequeño* (Colorado Springs, CO,: NavPress, 1990), 51-80.

[14] Ralph Neighbour, "Jesús es el Verdadero Líder de la Célula," *Dinámicas de los Grupos Pequeños* (Red de los Grupos Pequeños, enero de 2000).

[15] Charles D. Meigs, "Lord, help me live from day to day" (Hymn, 1902).

[16] Henry, Matthew, *Comentario Bíblico de Matthew Henry* (Peabody, MA,: Hendrickson Publishers) 1997.

[17] B.A. Fisher & D.G..Ellis, "Tomando Decisiones en el Grupo Pequeño: La Comunicación y el Proceso en el Grupo, 3era. Edic. (Nueva York: McGrw-Hill, 1990), 264, citado por Julie A. Gorman en, "La Comunidad que es Cristiana: Un Manual sobre los Pequeños Grupos" (Wheaton, ILL.: Victor Books, 1993), 195.

[18] Bárbara J. Fleischer, *Facilitando para el Crecimiento* (Collegeville, MN,: La Prensa Litúrgica, 1993), 84.

[19] Revista de la Iglesia Celular, Verano, 1996, 11.

[20] Michael Mack, "Las 10 Maneras Principales para Facilitar Su Grupo Así Pueden Participar" *Revista de la Iglesia Celular* Vol. 8, no.2 (Primavera 1999): 22-25. Agradezco por el artículo de Michael Mack por proporcionar las ideas usadas con los sub-títulos en este capítulo. También incluyo parte de su material de ese excelente artículo.

[21] No estoy de acuerdo con el argumento que dice que se necesita tener una casa costosa para abrir un grupo celular. Si usted vive en una zona de la clase baja, probablemente la mayoría de las casas serán como la suya. Los vecinos estarán contentos de asistir. Incluso con los grupos homogéneos, es probable que usted invitará a "las personas de su tipo" (las personas de su estado social, trasfondo, etc.).

[22] Wayne Meeks, *The First Urban Christians: The Social World of the Apostle Paul* (New Haven, CT: Yale University Press, 1983), p. 29, como se cita en Hae Gyue Kim, *Biblical Foundations for the Cell-Based Churches Applied to the Urban Context of Seoul*, Korea (Pasadena, CA: Fuller Theological Seminary, 2003), p. 89.

[23] Joel Comiskey, *Niños en el Ministerio Celular* (Moreno Valley, California: CCS Publishing, 2015), pp. 244.

[24] Daphne Kirk, "Están siendo Discipulados Sus Hijos," *Revista del Grupo Celular*, Invierno 2000, 12).

[25] En cierta oportunidad yo estaba consultando con un grupo pequeño de líderes cristianos. La esposa seguía levantándose para contestar el teléfono. Yo sentía como que mis consejos no eran muy importantes - como que cada llamada telefónica era más importante. Líder celular: ahora proyecte esto a los miembros

de su célula. Ellos no se sentirán importantes si usted está dando prioridad al teléfono, a su computadora, o a su perro, y no a ellos.

[26] Los principios de esta lista fueron tomados de un artículo por Marcos Whelchel titulado "El Retraso Crónico," Dinámicas de los Grupos Pequeños (Red de los Grupos Pequeños, junio de 1999).

RECURSOS POR JOEL COMISKEY

Se puede conseguir todos los libros listados de "*Joel Comiskey Group*" llamando al 1-888-511-9995 por hacer un pedido por Internet en www.joelcomiskey-group.com

Como dirigir un grupo celular con éxito:
para que las personas quieran regresar

¿Anhela la gente regresar a vuestras reuniones de grupo cada semana? ¿Os divertís y experimentáis gozo durante vuestras reuniones? ¿Participan todos en la discusión y el ministerio? Tú puedes dirigir una buena reunión de célula, una que transforma vidas y es dinámica. La mayoría no se da cuenta que puede crear un ambiente lleno del Señor porque no sabe cómo. Aquí se comparte el secreto. Esta guía te mostrará cómo:

- Prepararte espiritualmente para escuchar a Dios durante la reunión
- Estructurar la reunión para que fluya
- Animar a las personas en el grupo a participar y compartir abiertamente sus vidas
- Compartir tu vida con otros del grupo
- Crear preguntas estimulantes
- Escuchar eficazmente para descubrir lo que pasa en la vida de otros
- Animar y edificar a los demás miembros del grupo
- Abrir el grupo para recibir a los no-cristianos
- Tomar en cuenta los detalles que crean un ambiente acogedor.

Al poner en práctica estas ideas, probabas a través del tiempo, vuestras reuniones de grupo llegarán a ser lo más importante de la semana para los miembros. Van a regresar a casa queriendo más y van a regresar cada semana trayendo a personas nuevas con ellos. 140 páginas.

La explosión de los grupos celulares en los hogares:
Cómo su grupo pequeño puede crecer y multiplicarse

Este libro cristaliza las conclusiones del autor en unas 18 áreas de investigación, basadas en un cuestionario meticuloso que dio a líderes de iglesias celulares en ocho países alrededor del mundo — lugares que él personalmente visitó para la investigación.

Las notas detalladas al fin del libro ofrecen al estudiante del crecimiento de la iglesia celular una rica mina a seguir explorando. Lo atractivo de este libro es que no sólo resume los resultados de su encuesta en una forma muy convincente sino que sigue analizando, en capítulos separados, muchos de los resultados de una manera práctica. Se espera que un líder de célula en una iglesia, una persona haciendo sus prácticas o un miembro de célula, al completar la lectura de este libro fácil de leer, ponga sus prioridades/valores muy claros y listos para seguirlos. Si eres pastor o líder de un grupo pequeño, ¡deberías devorar este libro! Te animará y te dará pasos prácticos y sencillos para guiar un grupo pequeño en su vida y crecimiento dinámicos. 175 páginas.

Una cita con el Rey:
Ideas para arrancar tu vida devocional

Con agendas llenas y largas listas de cosas por hacer, muchas veces la gente pone en espera la meta más importante de la vida: construir una relación íntima con Dios. Muchas veces los creyentes quieren seguir esta meta pero no saben como hacerlo.

Se sienten frustrados o culpables cuando sus esfuerzos para tener un tiempo devocional personal parecen vacíos y sin fruto. Con un estilo amable y una manera de escribir que da ánimo, Joel Comiskey guía a los lectores sobre cómo tener una cita diaria con el Rey y convertirlo en un tiempo emocionante que tienes ganas de cumplir. Primero, con instrucciones paso-a-paso de cómo pasar tiempo con Dios e ideas prácticas para experimentarlo con más plenitud, este libro contesta la pregunta, "¿Dónde debo comenzar?". Segundo, destaca los beneficios de pasar tiempo con Dios, incluyendo el gozo, la victoria sobre el pecado y la dirección espiritual. El libro ayudará a los cristianos a hacer la conexión con los recursos de Dios en forma diaria para que, aún en medio de muchos quehaceres, puedan caminar con él en intimidad y abundancia. 175 páginas.

Recoged la cosecha:
Como el sistema de grupos pequeños puede hacer crecer su iglesia

¿Habéis tratado de tener grupos pequeños y habéis encontrado una barrera? ¿Os habéis preguntado por qué vuestros grupos no producen el fruto prometido? ¿Estáis tratando de hacer que vuestros grupos pequeños sean más efectivos?

El Dr. Joel Comiskey, pastor y especialista de iglesias celulares, estudió las iglesias celulares más exitosas del mundo para determinar por qué crecen. La clave: han adoptado principios específicos. En cambio, iglesias que no adoptan estos principios tienen problemas con sus grupos y por eso no crecen. Iglesias celulares tienen éxito no porque tengan grupos pequeños sino porque los apoyan. En este libro descubriréis cómo trabajan estos sistemas. 246 páginas.

La Explosión de la Iglesia Celular:
Cómo Estructurar la Iglesia en Células Eficaces (Editorial Clie, 2004)

Este libro se encuentra sólo en español y contiene la investigación de Joel Comiskey de ocho de las iglesias celulares más grandes del mundo, cinco de las cuales están en Latinoamérica.

Detalla cómo hacer la transición de una iglesia tradicional a la estructura de una iglesia celular y muchas otras perspicacias, incluyendo cómo mantener la historia de una iglesia celular, cómo organizar vuestra iglesia para que sea una iglesia de oración, los principios más importantes de la iglesia celular, y cómo levantar un ejército de líderes celulares. 236 páginas.

Grupos de doce:
Una manera nueva de movilizar a los líderes y multiplicar los grupos en tu iglesia

Este libro aclara la confusión del modelo de Grupos de 12. Joel estudió a profundidad la iglesia Misión Carismática Internacional de Bogotá, Colombia y otras iglesias G12 para extraer los principios sencillos que G12 tiene para ofrecer a vuestras iglesias.

Este libro también contrasta el modelo G12 con el clásico 5x5 y muestra lo que podéis hacer con este nuevo modelo de ministerio. A través de la investigación en el terreno, el estudio de casos internacionales y la experiencia práctica, Joel Comiskey traza los principios del G12 que vuestra iglesia puede ocupar hoy. 182 páginas.

De doce a tres:
Cómo aplicar los principios G12 a tu iglesia

El concepto de Grupos de 12 comenzó en Bogotá, Colombia, pero ahora se ha extendido por todo el mundo. Joel Comiskey ha pasado años investigando la estructura G12 y los principios que la sostienen. Este libro se enfoca en la aplicación de los principios en vez de la adopción del modelo entero.

Traza los principios y provee una aplicación modificada que Joel llama G12.3. Esta propuesta presenta un modelo que se puede adaptar a diferentes contextos de la iglesia.

La sección final ilustra como implementar el G12.3 en diferentes tipos de iglesias, incluyendo plantaciones de iglesias, iglesias pequeñas, iglesias grandes e iglesias que ya tienen células. 178 paginas.

Explosión de liderazgo:
Multiplicando líderes de células para recoger la cosecha

Algunos han dicho que grupos celulares son semilleros de líderes. Sin embargo, a veces, aún los mejores grupos celulares tienen escasez de líderes. Esta escasez impide el crecimiento y no se recoge mucho de la cosecha. Joel Comiskey ha descubierto por qué algunas iglesias son mejores que otras en levantar nuevos líderes celulares. Estas iglesias hacen más que orar y esperar nuevos líderes. Tienen una estrategia intencional, un plan para equipar rápidamente a cuantos nuevos líderes les sea posible. En este libro descubriréis los principios basados de estos modelos para que podáis aplicarlos. 202 páginas.

Elim:
Cómo los grupos celulares de Elim penetraron una ciudad entera para Jesús

Este libro describe como la Iglesia Elim en San Salvador creció de un grupo pequeño a 116.000 personas en 10.000 grupos celulares. Comiskey toma los principios de Elim y los aplica a iglesias en Norteamérica y en todo el mundo. 158 páginas.

Cómo ser un excelente asesor de grupos celulares:
Perspicacia práctica para apoyar y dar mentoría a líderes de grupos celulares

La investigación ha comprobado que el factor que más contribuye al éxito de una célula es la calidad de mentoría que se provee a los líderes de grupos celulares.

Muchos sirven como entrenadores, pero no entienden plenamente qué deben hacer en este trabajo. Joel Comiskey ha identificado siete hábitos de los grandes mentores de grupos celulares. Éstos incluyen: Animando al líder del grupo celular, Cuidando de los aspectos múltiples de la vida del líder, Desarrollando el líder de célula en varios aspectos del liderazgo, Discerniendo estrategias con el líder celular para crear un plan, Desafiando el líder celular a crecer. En la sección uno, se traza las perspicacias prácticas de cómo desarrollar estos siete hábitos. La sección dos detalla cómo pulir las destrezas del mentor con instrucciones para diagnosticar los problemas de un grupo celular. Este libro te preparará para ser un buen mentor de grupos celulares, uno que asesora, apoya y guía a líderes de grupos celulares hacia un gran ministerio. 139 páginas.

Cinco libros de capacitación

 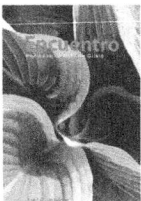  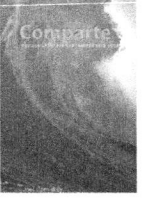 

#1: Vive   #2: Encuentro   #3: Crece   #4: Comparte   #5: Dirige

Los cinco libros de capacitación son diseñados a entrenar a un creyente desde su conversión hasta poder liderar su propia célula. Cada uno de estos cinco libros contiene ocho lecciones. Cada lección tiene actividades interactivas que ayuda al creyente reflexionar sobre la lección de una manera personal y práctica.

Vive comienza el entrenamiento con las doctrinas básicas de la fe, incluyendo el baptismo y la santa cena.

Encuentro guíe un creyente a recibir libertad de hábitos pecaminosos. Puede usar este libro uno por un o en un grupo.

Crece explica cómo tener diariamente un tiempo devocional, para conocer a Cristo más íntimamente y crecer en madurez.

Comparte ofrece una visión práctica para ayudar a un creyente comunicar el evangelio con los que no son cristianos. Este libro tiene dos capítulos sobre evangelización a través de la celula.

Dirige prepare a un cristiano a facilitar una célula efectiva. Este libro será bueno para los que forman parte de un equipo de liderazgo en una célula.

Plantando Iglesias que Reproducen

Este libro explica claramente cómo plantar iglesias lo suficientemente sencillas como para continuar reproduciéndose e incluso llegar a ser un movimiento de iglesias. Plantando Iglesias que se Reproducen es fruto del extenso trabajo de investigación de Comiskey y de su experiencia personal (tres iglesias plantadas en una variedad de contextos).

Comiskey no sólo usa las últimas estadísticas de Norteamérica sobre fundación de iglesias, sino también incluye ejemplos de iglesias plantadas alrededor del mundo. Por encima de todo, este libro ofrece soluciones prácticas para quienes plantan iglesias hoy. Leer el libro de Comiskey es imperativo para los que se interesan en comenzar iglesias que se multiplican honrando a Cristo.

El Discípulo Relacional:
Como Dios Usa La Comunidad para Formar a los Discípulos de Jesús

Jesús vivió con sus discípulos por tres años enseñándoles lecciones de vida en grupo. Luego de tres años les mandó que "fueran e hicieran lo mismo" (Mateo 28:18-20). Jesús discipuló a sus seguidores por medio de relaciones interpersonales—y espera que nosotros hagamos lo mismo.

A lo largo de las Escrituras encontramos abundantes exhortaciones a servirnos unos a otros. Este libro le mostrará cómo hacerlo. La vida de aislamiento de la cultura occidental de hoy crea un deseo por vivir en comunidad y el mundo entero anhela ver discípulos relacionales en acción. Este libro alentará a los seguidores de Cristo a permitir que Dios use las relaciones naturales de la vida: familia, amigos, compañeros de trabajo, células, iglesia y misiones para moldearlos como discípulos relaciones.

El Grupo Celular Lleno del Espíritu:
Haz Que Tu Grupo Experimente Los Dones Espirituales

El centro de atención de muchos grupos celulares hoy en día ha pasado de ser una transformación dirigida por el Espíritu a ser simplemente un estudio bíblico. Pero utilizar los dones espirituales de todos los miembros del grupo es vital para la eficacia del grupo.

Con una perspectiva nacida de la experiencia de más de veinte años en el ministerio de grupos celulares, Joel Comiskey explica cómo tanto los líderes como los participantes pueden ser formados sobrenaturalmente para tratar temas de la vida real. Pon estos principios en práctica y ¡tu grupo celular nunca será el mismo!

Mitos y Verdades de la Iglesia Celular:
Principios Claves que Construyen o Destruyen un Ministerio Celular

La mayor parte del movimiento de la iglesia celular de hoy en día es dinámico, positivo y aplicable. Como ocurre con la mayoría de los esfuerzos, los errores y las falsas suposiciones también surgen para destruir un movimiento que es en realidad sano. Algunas veces estos falsos conceptos han hecho que la iglesia se extravíe por completo.

En otras ocasiones condujeron al pastor y a la iglesia por un callejón sin salida y hacia un ministerio infructuoso. Sin tener en cuenta cómo se generaron los mitos, estos tuvieron un efecto escalofriante en el ministerio de la iglesia. En este libro, Joel Comiskey aborda estos errores y suposiciones falsas, ayudando a pastores y líderes a desenredar las madejas del legalismo que se han escabullido dentro del movimiento de la iglesia celular. Joel luego dirige a los lectores a aplicar principios bíblicos probados a través del tiempo, los cuales los conducirán hacia un ministerio celular fructífero.

Fundamentos Bíblicos para la Iglesia Basada en Células:
Percepciones del Nuevo Testamento para la Iglesia del Siglo Veintiuno

¿Por qué la iglesia celular? ¿Es porque la iglesia de David Cho es una iglesia celular y sucede que es la iglesia más grande en la historia del cristianismo? ¿Es porque la iglesia celular es la estrategia que muchas "grandes" iglesias están usando? La verdad es que la Biblia es el único fundamento sólido para cualquier cosa que hagamos.

Sin un fundamento bíblico, no tenemos un fuerte apuntalamiento en el que podamos colgar nuestro ministerio y filosofía. En Fundamentos Bíblicos para la Iglesia Basada en Células, el Dr. Comiskey establece la base bíblica para el ministerio de grupos pequeños. Comiskey primero examina la comunidad dentro de la Trinidad y la estructura familiar del grupo pequeño en el Antiguo Testamento. Luego explora cómo Jesús implementó la nueva familia de Dios a través de las comunidades estrechamente unidas que encontramos en las iglesias en las casas. Comiskey luego cubre ampliamente cómo la iglesia primitiva se reunía en las casas, levantó liderazgos desde el interior y reunió a las iglesias en las casas para celebrar. El libro concluye exponiendo cómo las iglesias pueden aplicar de manera práctica los principios bíblicos encontrados en este libro.

2000 Años de Grupos Pequeños

Este libro es una crónica sobre el Grupo Pequeño o Movimiento Celular, partiendo de la época de Jesús hasta llegar a la explosión celular en los tiempos modernos. Comiskey destaca las fortalezas y debilidades de estos movimientos históricos de grupos pequeños, y aplica estos principios a la iglesia actual.

Crecerás en gratitud y en entendimiento de los valores clave de las células a causa de aquellos pioneros que allanaron el camino. También aprenderás a apreciar a esos líderes que estremecieron al mundo y que se enfrentaron con mayores obstáculos que los que nos enfrentamos en la actualidad al implementar grupos pequeños.

Y así como ellos encontraron soluciones en medio de la persecución y la prueba, Dios te ayudará a perseverar, a encontrar soluciones, y finalmente llevar fruto abundante para su reino y gloria.

Los Niños en el Ministerio Celular:
Discipulando a la Futura Generación, ¡Ya!

En este innovador libro, Joel Comiskey desafía a pastores y a líderes a ir más allá de simplemente educar niños para formarlos en discípulos que hacen discípulos. Comiskey establece la base bíblica para el ministerio de niños, y luego anima a los pastores y líderes a formular su propia visión y filosofía para el ministerio de niños basado en el texto bíblico. Comiskey destaca cómo discipular a niños, tanto en el grupo grande como en el pequeño. Rápidamente pasa a ejemplos prácticos de grupos celulares intergeneracionales, y a la efectividad con la que las iglesias celulares han implementado este tipo de grupo. Posteriormente, escribe sobre grupos celulares sólo para niños, citando muchos ejemplos prácticos de algunas de las iglesias celulares más efectivas del mundo. Comiskey cubre los temas del equipamiento para niños, cómo equipar a los padres, y sobre los errores cuando se trabaja con niños en la iglesia celular. Esta es una lectura obligatoria para todos aquellos que quieran ministrar a niños, tanto en grupos grandes como en pequeños.

Los Jóvenes en el Ministerio Celular:
Discipulando a la Próxima Generación, ¡Ya!

Si queremos tener una iglesia victoriosa mañana, debemos enfocarnos en los jóvenes hoy. Comiskey escribe acerca de hacer discípulos de la próxima generación ahora. El autor analiza lo que está sucediendo hoy en el ministerio juvenil y establece su base bíblica.

Comiskey pone en relieve las necesidades más sentidas de los jóvenes hoy, que incluyen la espiritualidad, las relaciones y el involucramiento. A continuación muestra las razones por las que estas necesidades pueden ser mejor atendidas en grupos celulares pequeños que también participan en una reunión de jóvenes más grande.

Células Exitosas:
8 Hallazgos Sorprendentes sobre Grupos Celulares que Florecen

¿Por qué algunas células son dinámicas, atractivas y respiran la vida de Cristo? ¿Por qué otras células se estancan y cierran? En este revolucionario libro, Joel Comiskey y Jim Egli describen ocho sorpresas descubiertas sobre las células que son exitosas, a partir de su investigación realizada a 4,800 participantes de células en cuatro continentes.

Los autores exponen sobre las suposiciones comunes en torno a los grupos celulares y ofrecen consejos prácticos a los miembros y líderes de células para ayudarles a que estas sean exitosas. El libro cubre temas tales como la participación en las células, la influencia que ejerce la comida, la adoración, y cómo las células exitosas alcanzan efectivamente a otros para Jesucristo. Lee este libro si deseas que tu grupo celular sea más sano y florezca con una nueva vida.

Made in the USA
Monee, IL
03 May 2026

49438421R00075